日本の食文化 2
米と餅

関沢まゆみ 編

吉川弘文館

刊行にあたって

「日本人は何をどのように食べてきたのか」について、日本の食文化を特徴づける古くからの食材や食料をもとに、民俗学や歴史学などの研究成果から解説することで、「食」をめぐる歴史・民俗を知っていただくのが本シリーズのねらいである。

二〇一三年、「和食」がユネスコの無形文化遺産代表一覧表に記載され、国内外で和食への関心が高まったことは記憶に新しい。日本の食が「和食」と総称され、文化的位置づけがなされた一方で、「食」の現在的な状況は、国連世界食糧計画（WFP）・国連食糧農業機関（FAO）の報告に拠れば、慢性的な栄養不足による飢餓状態の人が、二〇一七年は世界で八億二一〇〇万人にのぼり、三年連続で前年を上回って増加傾向にある。その原因は紛争と異常気象による農業生産量の下落にあるという。一方、日本では廃棄された食品が二〇一五年度には約六四六万トンにのぼり、世界では生産された食料の三分の一が捨てられているという（『朝日新聞』二〇一八年九月一四日、二二日記事より）。「いのち」をつなぐ「食」の世界的な現状は、飢餓と飽食の二極化が進み、危機的な不均衡が存在している。

本シリーズでは、この問題を直接的に扱ってはいないが、「食」をめぐる日本の現状としては、一九九〇年代以降、家族のあり様や生活の個人化を背景に、家族がいても一人で食事をする「個食」（一九九〇年代からの動向）、「孤食」（二〇〇〇年前後からの表記）、一部調理された食材を買い、それに手を加えて食事をする「中食」や惣菜の購入、さらに飲食店での「外食」などの増加が指摘されている。つまり、食の「外部化」の進行が現代の日本社会の特徴として指摘できる。しかし他方では、「地産・地消」あるいは食材を自ら生産して食べる「自産・自消」を基軸にしたスロー・フードも広まっていて、食事のあり様には、早さと手軽さを求める一方で、安心な食材にこだわるという志向が強くなっている。人間にとって「食べること」は「いのち」をつなぐだけでなく、つとに指摘されているように人としての社会性を形づくることでもある。歴史と民俗から日本の「食」の現在を知るということは、日本社会の現在を考えることにもつながるといえよう。

食文化の捉え方、叙述の視点はいく通りもあるが、本シリーズでは、第1巻を「食事と作法」とし、「食」に関するさまざまな作法や価値観、食具・調理法といった「食」のわざ（技）をまとめた。そして、第2巻以降は、「米と餅」、「麦・雑穀と芋」、「魚と肉」、「酒と調味料、保存食」、「菓子と果物」というように、それぞれの食物の歴史と食事の慣習と調理法などについて解説する。第1巻を食文化の総説とし、第2巻以降が各論編ということができる。各巻の内容から、日本人は何を食べ物としそれをどのように食べてきたのか、そして、これらにはどのような歴史的変遷があり、地域的な差異や特色があるのかを読み取って頂きたい。

本シリーズを起点、あるいは基点として「食」に関するさまざまな課題へと思索をめぐらせて頂けたら幸いである。

二〇一八年一〇月

小川直之
関沢まゆみ
藤井弘章
石垣　悟

目次

刊行にあたって　関沢まゆみ　1

総論　米と餅の歴史的重層性

●白米への憧れ――米とは何か――●　新谷尚紀　21

1　白米飯は一九六〇年代から――ムギメシとカテメシ――　21

2　正月は白米飯と白餅――チカラツギとハガタメ――　25

3　餅なし正月の伝承　30

4　稲作と米の歴史――政治の米・経済の米・文化の米――　35

5　米はどのように食べられてきたのか――強飯・姫飯・粥・餅の四点セット――　41

●粥とかて飯――調理の知恵と工夫――●　加藤幸治　48

1 庶民の主食品へのまなざし　48
2 江戸時代の「かてもの」研究　50
3 近代の「かてもの」再評価と普及　53
4 生活のなかのかて飯　60
5 庶民の暮らしにおける白粥と茶粥　64
6 現代の粥とかて飯　69

おにぎりとすし——成形の工夫——　石川尚子　73

1 ハレ食から日常の食卓への進出　73
2 おにぎり　75
3 す　し　91

赤飯とぼた餅——糯米と小豆の儀礼食——　石垣　悟　110

1 糯米とハレの食　110
2 赤　飯　114
3 儀礼の中の小豆と糯米　124

4 ぼた餅 126
5 儀礼食としての意味 131

● 餅——その多様性—— ●　小川直之 137
1 「餅」の文化研究 137
2 「モチ」の種類と特性 150
3 「モチ」の製法 162

● 雑煮——正月と餅—— ●　門口実代 167
1 雑煮のいま 167
2 雑煮の民俗 169
3 雑煮の歴史 171
4 雑煮の地域差 175
5 特色のある地域 185
6 変わりゆく雑煮 192

● しとぎと団子——神仏への供物—— ●　関沢まゆみ 199

1　しとぎ　199
2　神事としとぎ　202
3　団　子　207
4　供物としての団子　209
5　日常食としての屑米や雑穀の粉の団子　214
索　引
執筆者紹介

〓総論〓 米と餅の歴史的重層性

関沢まゆみ

米と餅の歴史と民俗　現在では、米は日本の主食と考えられている。しかし、歴史の実際からいえば、決して米は常食ではなかった。戦後の昭和三〇年代までは一般の農村においても米は、正月や盆、結婚式や葬式などの機会に食べることができるハレの食であり憧れの食であった。また、餅も、正月には鏡餅を飾って年神様を迎え雑煮で祝うというように、特別な食であった。戦前の調査記録である「食習採集手帖」（一九四一年〈昭和一六〉、一九四二年調査）（成城大学民俗学研究所編　一九九〇・九五）では、「ごちそうといえば餅」という報告が各地からなされている。これらの米や餅をめぐる民俗伝承からは、これらが単なる食物として栄養のために摂取されるだけではなく、正月の年取りや、出産育児の産飯《うぶめし》や誕生餅、葬式の枕飯や四十九《しじゅうく》餅《もち》など、人間の生命力や霊力の象徴とも考えられてきたことがわかる。柳田国男《やなぎたくにお》も「生と死と食物」（柳田　一九三二）で、そのことを早くから指摘していたところである。本書では、このような代表的なハレの食、憧れの食とされてきた米と餅の歴史と民俗について紹介してみる。

稲作の普及と神祇祭祀　日本列島における稲作は、紀元前一〇世紀半ばに北部九州で始まっていたことが知られている。この絶対年代は、水田稲作開始期の調理用の土器の底についていたススなどの炭化物を、最新のＡＭＳ炭素14年代測定法という技術で測定した結果によるものである。その後、前八世紀から前六世紀にかけて瀬戸内地域をはじめとする西日本で水田稲作が始まった。東北北部では前四世紀にいったん稲作が伝わったものの前一世紀には放棄してしまったという。南関東への伝播が最も遅く、それは前三世紀から前二世紀のことであり、九州北部での稲作開始からいえば、約六〇〇年から六五〇年をかけて、稲作の技術とそのシステムは、ひじょうに緩やかに各地に伝播していったことがわかってきている。つまり、稲作が東北地方のいまでいう仙台市と山形市を結ぶラインまでの、日本列島各地に定着するまでには約六五〇年という長い年月がかかったのであり、この驚くべき事実がわかってきたのは、まさに考古学と分析科学との協業によってであり、文字通り学際協業によって得られた新しい成果であり知見であった（藤尾　二〇一五）。

　水田稲作の定着には灌漑土木工事と多くの労働力を統率する指導者の存在が必要である。そして、その生産構造の中で権力が形成されてくる。この水田稲作定着の歴史と国家基盤の形成、および律令制下の古代天皇と古代国家の神祇祭祀《じんぎさいし》については、本書「白米への憧れ」で解説されている。

　そのなかで、注目されることがらの一つは次の点である。律令制下の古代天皇と古代国家の神祇祭祀は、神祇官を中心に行われ、新たな年穀の豊饒祈願を行う春の祈年祭《としごいのまつり》、季節と稲作の順調な運行を祈願する月次祭《つきなみのまつり》、秋の収穫感謝と天皇の新穀摂取と霊力更新増強を目的とする新嘗祭《にいなめのまつり》を中心とするものであった。このうち、祈年祭における中臣《なかとみ》の祝詞《のりと》には「皇祖《すめみおやの》神《かみ》と皇御孫《すめみま》たる天皇の祈念によって豊かに実った稲穂や種々の幣物をもって今年の生産に励めば、ふたたびその霊力の加護により、豊かな収穫が期待できる」とあり、天皇の祈念による霊力に満ちた稲穂の種籾《たねもみ》や幣帛《へいはく》が祈年祭の幣物として、神祇官で全国から集まった祝部《はふりべ》に班給され、それが各地の有力神社に供えられてふたたび豊かな収穫が得られる、というしくみができあがっていたことがわかる。つまり、幣帛班給制を天皇（稲の王）の霊力の中心性 centricity と再分配 redistribution という構造的視点で読み解いている点である（新谷　二〇〇九・同　二〇一八）。

現在でも、大嘗祭《だいじょうさい》では、悠紀田《ゆきでん》と主基《すき》田とで作られた稲米を天皇が食する儀礼が伝承されているが、折口信夫《おりくちしのぶ》はそれらによって天皇霊を身に著けるものと読み解いている（折口　一九二八・同　一九三二）。出雲《いずも》大社の国造《くにのみやつこ》もその代替わりに際して熊野《くまの》神社で神聖な火をきり、その火で炊いた米を食することによって国造の霊を身に著けるものとされている。このように重要な儀礼に稲米が必須とされているところに、稲米のもつ古代の神祇祭祀と不可欠の関係がみられるのである。

餅と「モチ」　弥生時代中期の住居址、石川県杉谷チャノバタケ遺跡から出土した粽《ちまき》状の

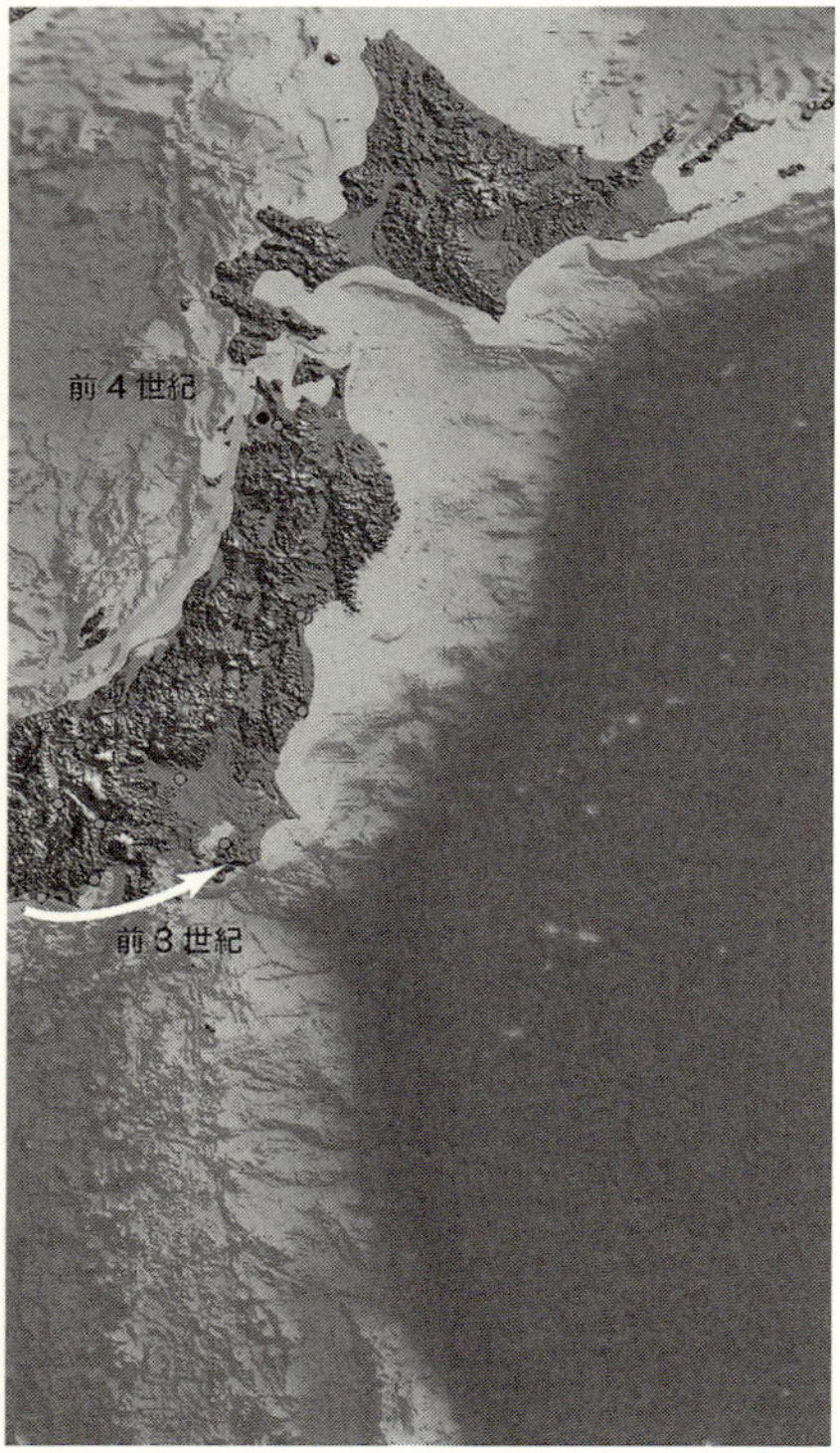

史』〈講談社現代新書〉より転載）

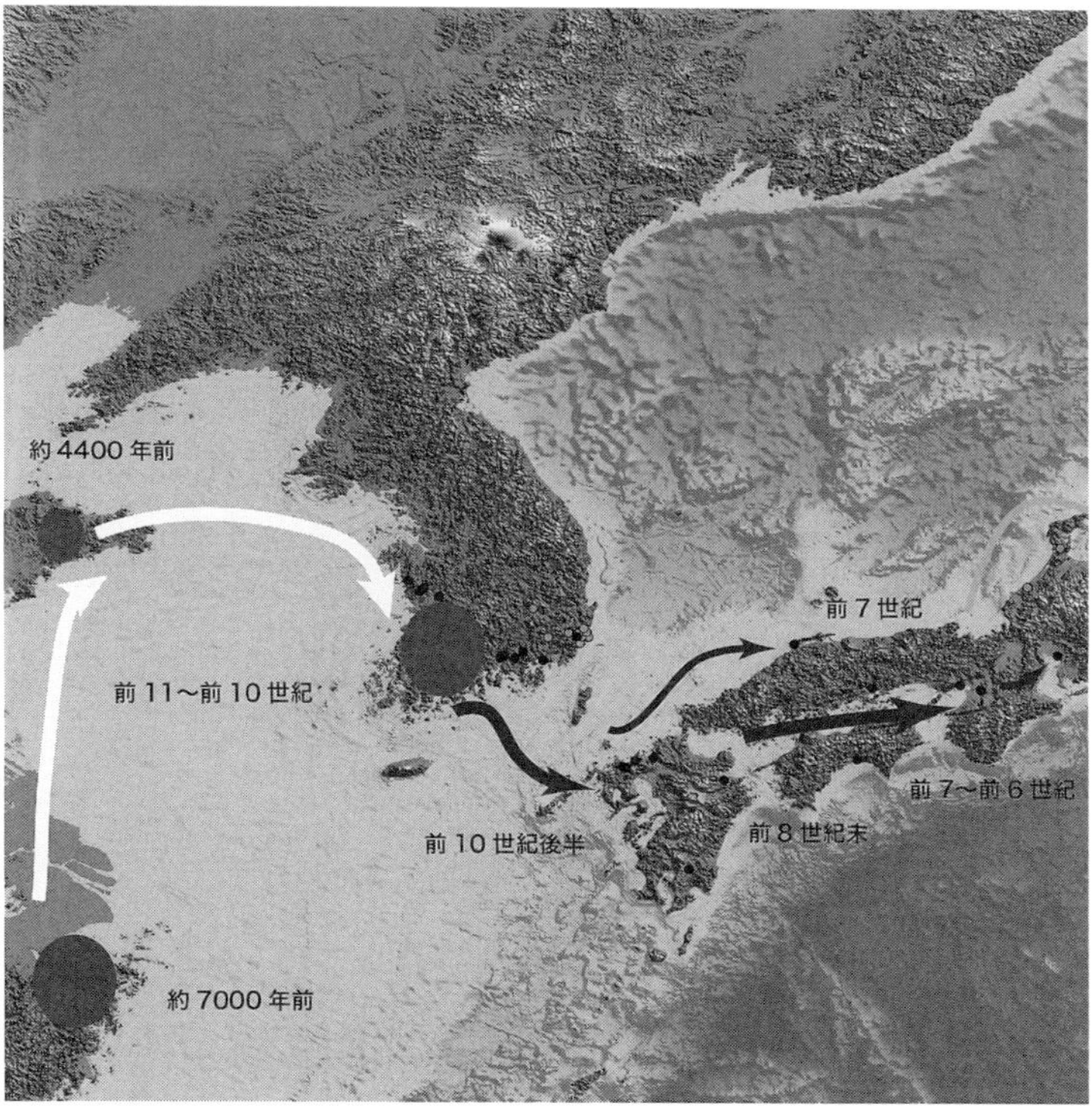

図１　東アジアにおける水田稲作の拡散（藤尾慎一郎　2015 年『弥生時代の歴

炭化米、それは糯米《もちごめ》使用で、蒸されてから焼かれたと推定されるものであり、そのような例や千葉県常代《とこしろ》遺跡出土の円筒形をした炭化米など、米を成形したおにぎり状の塊は発見されているが（本書「おにぎりとすし」）、餅のように米を搗《つ》き固めた形状の塊はまだ確認されていない（大谷　二〇〇二、佐藤　一九九五）。

餅は一般に、糯米を蒸して搗く製法がとられているが、これは生米を砕いて粉にして湯や水で練り固めてさまざまな形をつくるシトギ（粢）、または、丸くしてからゆでて作る団子に比べたら、さらに手間のかかる作り方である。しかも、蒸し器のほかに横杵《よこぎね》がなければ蒸した糯米を潰して餅にすることはできなかった（柳田　一九三九）。柳田は、米や他の穀物の粉をこねて製した食物の呼称についても、団子という外来の新語が入って来る以前は、やはりすべて「モチ」と呼ばれていたであろうと述べている（柳田　一九三九）。その「モチ」は、「穀物を粉にしてから調製した食物を、飛驒ではモチという場合が幾つかある」（柳田　一九四〇）という。飛驒のモチについては江馬三枝子《えまみえこ》の指摘によるが（江馬　一九三二）、それ以外にも日本各地に伝承されている穀物の粉をまとめたモチを、団子といわずに「モチ」と呼ぶ事例に注目していた。その「モチ」は、現在のような正月などのハレの食物ではなく、日常の食のとくに主食の補いとして出されるものであった。

年越しの「おせち」の米飯と、正月の餅　柳田は「米のやや乏しい雑食の村々でも、必ず年に幾回かの米の飯を食べる日がある。元旦には餅の雑煮を祝うという家が、現在はもう大多数になっているが、その前宵《ぜんしょう》の年越の「おせち」には、米を炊《かし》いだ食膳《しょくぜん》を神に供え、一家眷属一様に同じもので年を取ることには例外がない」（柳田　一九四〇）といい、一九四〇年（昭和一五）頃、正月には一般的に餅の雑煮を食するようになっていたなかで、年越しの「おせち」はとくに白米飯で年取りをしていたことに注目している。現在では正月の餅がハレの日の食として注目されているが、もともと正月の年取りの食膳では白米飯こそがごちそうだったのである。

正月の餅について、江戸時代初期の『後水尾院当時年中行事《ごみずのおいんとうじねんじゅうぎょうじ》』には、晦日《みそか》に、「勾当《こうとう》、御としのみはなびらのかちんは、ちいさくひしに切て、御としの数、引合一重におしつつむ、もてまいる」とある。院に仕える女官の勾当内侍《こうとうのないし》が「年の実」と呼ばれる小さな「かちん」つまり餅を、年齢の数だけ献上したとあり、これは正月の年取りの意味をもっていた小餅だったと考えられる。これは、正月に丸い餅（柳田は心臓を模したという）をいただくことで、年齢（年玉《としだま》）を一つ重ねるもの、という日本固有の年齢観が伝えられてきていたその伝承と通じるものである。

年末のうちに餅を搗き、鏡餅を年神様などに供え、元日には家族皆の健康を祝って雑煮を食するのである。本書「雑煮」で述べているように、この雑煮には、だし、味付け、餅の形状などの要素を比較した場合、澄まし汁かみそ仕立てか、丸餅か角餅か、焼くか焼かぬか、具材のいろいろなど、多様な地域差があるのが特徴である。また、正月にあえて餅を食さず、代わりに芋を雑煮に入れて食する家例を伝えている家々や村落もある。折口信夫は、壱岐《いき》を訪ねた時に正月に餅を搗かない家々があることを「餅搗かぬ家」で紹介し、餅を食べるという習俗が入ってくる以前の多様な正月のあり方を残しているものと解釈した（折口 一九二五）。その後、一九八〇年代には、正月＝餅という規範を反映した「餅なし正月」という言い方がされ、餅に対するイモに価値をおいた「イモ正月」という言い方もされた（坪井 一九七九）。そのときたとえば、鹿児島県肝属《きもつき》郡佐多《さた》町瀬戸山《せとやま》では、トシノバン（大晦日）には、家族一同がそろって膳につき、飯、汁、煮物、なますをいただくが、農家ではたいへんなご馳走《ちそう》だという事例が紹介されている。しかし、それも元日の朝は古くからのしきたりは里芋の料理で、大きな里芋を丸ごと盛りつけた汁だけであるという事例であり、むしろ、折口がみていたように、正月の儀礼食が、古くからイモであったところに新たに白飯が加わり、のちにさらに新たに餅が加わってきているのだという見解、つまり正月の儀礼食における歴史的重層性を読み取ることができるという見解が、本書「白米への憧れ」で提示されている。餅と芋とを対立項としてではなく、併存している伝承実態に注目して、それがどう読み解けるのか、という視点である。

米の霊力と米寿の祝い

正月の年玉を重ねて八八歳の長寿を迎えると、米寿《べいじゅ》すなわち米の祝いが行われる。この「八十八」は「米」という漢字になるが、この米寿の背景には、一年に一回実る米と一年に一つずつ年をとる人間との関係が重ねられており、長寿の力とは米の力だとする信仰があった。米寿は米の祝《よね》いともいわれ、親戚や近隣の家々に、しゃもじや一升枡《いっしょうます》など米に関わるものを配ったり、奄美大島《あまみ》では米寿の祝いに米守《よねまぶ》りと呼ばれる小さな三角に折った赤い紙に米と八八歳の老人の髪の毛を少しずつ入れたものを近隣縁者に配っている。これらをいただくと、みんな長寿にあやかることができるといわれている。また、沖縄地方でも八八歳のトーカチ（斗掻）祝い（ユーエー）が盛んに行われている。旧暦八月八日に盥《たらい》に米を山盛りにし、トーカチを飾って盛大に祝う。親戚の人や祝いにきた人たちにはこのトーカチを配る。沖縄では九七歳のカジマヤーと呼ばれる長寿祝いも盛んで、この時は風車が配られる。

生と死と食物　柳田国男が『旅と伝説』（誕生と葬礼号、一九三三年〈昭和八〉）の巻頭にのせた論考が「生と死と食物」である。なぜまだ食べることのできない生まれたばかりの赤子や死んだ人の枕元に米を炊いて供えるのか、という問いから始まる。自宅で出産が行われていた頃、出産が始まると産神様《うぶがみ》に産飯とか産立て飯を供えたものだという。また、死者にも北枕にするとまず茶碗にご飯をもって箸《はし》を突き立てた枕飯が供えられる。これらはどちらも本人が直接食べるための飯ではなく、誕生と死にあたって、不安定な霊魂を安定させるための米だと解釈されている。

また、産飯には、河原や軒先から拾ってきた小石を添えることもあり、出産に立ち会う産神様に供えるのだともいわれている。枕飯は、死者が息を引き取ったあと葬儀が行われるあいだずっと遺体のそばに供えられている。そして遺体が墓地に送られる野辺送りでも、この枕飯を運ぶ霊膳持ちの役にあたった者は、後ろを振り返ってはいけないとか転んではいけないなど、注意すべきことがさまざまにいわれてきた。そして、埋葬した墓の上に花や膳とともに供えられつづけて、野犬やカラスなどがそれを早く食べると無事に成仏しているといわれ、手が付けられずにいると、死者が迷っている不吉のしるしといわれた。

野辺送りでは、遺体を運ぶ葬列とは別に、東北地方から関東地方へかけて、アトミラズとかウマヒキと呼ばれる役があった。それはカマスなどに米を一升入れたものを、途中で誰とも会わないように口もきかないようにして一人で一足先に墓地に行き、適当な樹木に吊り下げて帰ってくる役であった。それは、死者の遺体とは別に、死者の霊魂を米に託して墓地に送るという意味をもつ習俗であり、一般的には、埋葬後、寺送りといって、米一升と晒《さらし》一反を寺に届ける習俗があったが、アトミラズやウマヒキはそれに通じる習俗であった。それらは、葬儀とは基本的に遺骸《カラ》送りと霊魂《タマ》送りという両者の組み合わせからできている、ということを示す習俗であった。また、忌明《いみあ》けの四十九日に搗いて近親縁者に配る四十九餅の習俗には、生者と死者との食い別れという意味があり、死者の霊魂を送るための習俗の中では、このように不思議なほど米や餅が用いられてきており、米や餅は霊魂の依りつくところと考えられていたことがわかる。

ホカヒの米　そして、もう一つ、米には、死者や先祖の霊（みたま）のまわりに群がる周辺的な雑霊に対処する霊力も注意されてきた。たとえば、仏教では餓鬼《がき》や衆生《しゅじょう》のために、食べる前に飯を少し取り分けて膳の脇や野外などにおく散飯《さば》という作法が知られているが、各地の民俗伝承のなかでも、屋根葺《ふ》き祝いの葺きごもりの日に、粥《かゆ》を口に含んで一二本の柱の根に吹き散らす「粥ホガイ」や、船が着く祝いの日に飯を円錐形に握ったものをたくさん作って子どもたちに分け与える「入船《いりふね》ボッケ」、田植え休みの子ども相撲《ずもう》の時に家々から出してもらうホケと呼ばれるごま塩や強飯《こわめし》のにぎり飯等々の事例（柳田　一九四六）が数

図2　盆の墓地　無縁仏へのご飯や供物のホカヒ（秋田県）

多く伝えられていた。いずれも、周囲にいる不特定の雑霊の存在を予想して、米をホカフ、米でホカフことが重視されていたことがわかる。

御　供　米や餅は、神社の神事や祭礼の重要な供え物でもある。その調製は、一番上質の米を用いて古くからの方式によって行われている例が多い。たとえば、以下のような事例がよく知られている。

事例1　佐太《さだ》神社の御供《ごく》：島根県松江市鹿島町の佐太神社では、古伝祭の一つとして、九月に御座替え神事を伝承してきている。祝《はふり》の役目の者が神聖な火を鑽《き》り、その火で米飯を炊く。そして、小さく握って神前に供える。この調製をするところは人目にふれることはない。

事例2　厳島《いつくしま》神社の御鳥喰《おとぐい》神事と粢：広島県廿日市《はつかいち》市宮島の厳島神社の古伝祭の一つが、御島廻り式《おしまめぐ》と御鳥喰神事である。毎年三月と九月の七浦《ななうら》神社祭と五月の宮島講《みやじまこう》の講社大祭のときに執行されるが、神聖な神の島である厳島を船に乗って一巡し、浦々に祭られている七社の末社《まつしゃ》を巡拝するのが御島廻り式である。そのとき末社の一つ、養父崎《やぶさき》神社の前の海上で、神職が米の粉を海水で練って作る神饌《しんせん》の粢を浮かべておいて、それを厳島の山中に棲むゴガラス（神烏）と呼ばれるカラスに供する神事が御鳥喰神事である（国立歴史民俗博物館編　二〇〇五）。飛来するゴガラスがぶじに粢を

図3　佐太神社の御座替え神事に向けての火鑽り(上)　神聖な火で炊かれた米飯の供え物(下)

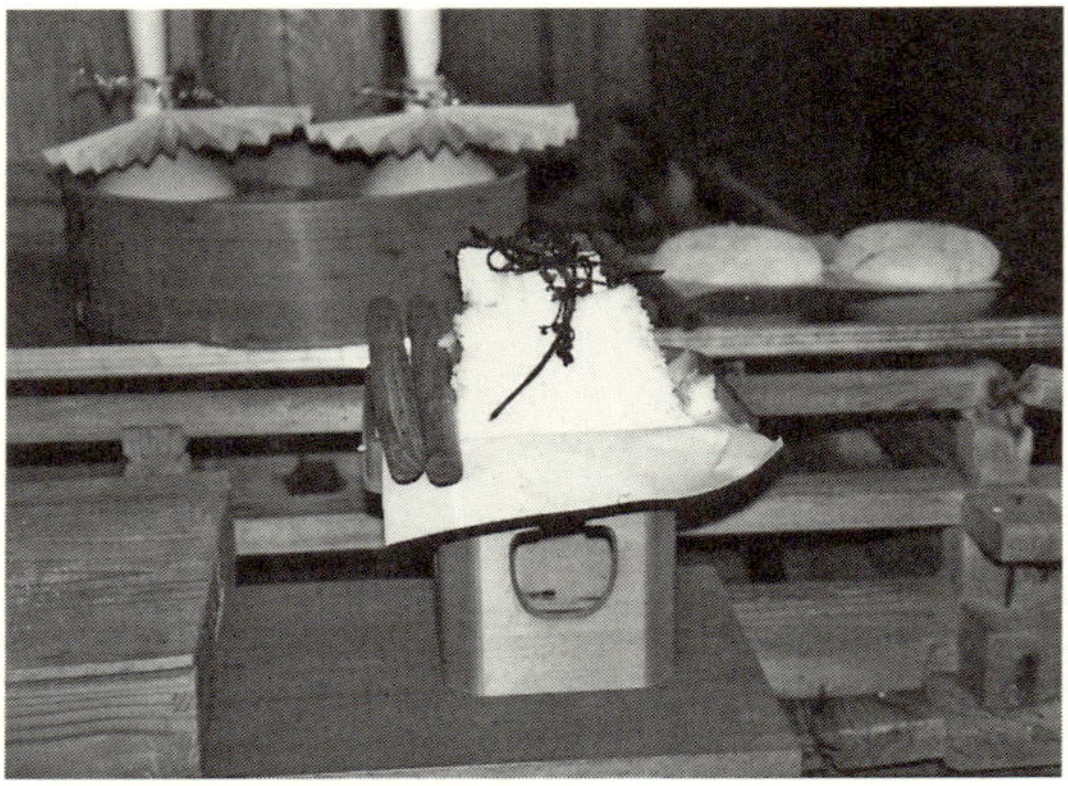

図4　ゴクサンの例　ゴハンと呼ばれるオコナイの供物（滋賀県長浜市西浅井町集福寺）　セイロで蒸した米を台形の木型で成形し、上に蕨、ヨンボの芽、豆腐をのせる。

嘴《くちばし》でくわえて行けば、御鳥喰があがったといって神事の成就をよろこぶ。近年は環境の変化も課題となっているが、一度あがれば続いて何度もあがったという。

事例3　湖北のオコナイと餅：滋賀県下の各地の農村では、神社や寺堂でオコナイとかジンジ（神事）と呼ばれる年頭行事が盛んに行われている。そのうち湖北地方の事例の特徴はとくに大きい鏡餅が供えられることである。また、この時、餅とともにゴクサンとかモッソと呼ばれる、米を蒸して円筒形や台形に成形したものも供えられる例が多い。

これらの事例からわかるのは、第一には、神社の祭礼や正月年頭の行事では、米がもっとも重要な供え物とされているということである。そして、第二には、事例ごとにその供え物のかたちには、米、蒸し米、粢、餅などといった差異があるが、それは、本書「餅」に米の調理の歴史の変遷が述べられているように、生米の神饌から、蒸し米の神饌へ、粢の神饌へ、餅の神饌へ、というような変遷の過程のその段階差が、神事の中に残し伝えられているということである。

毎日の飯の工夫―米を長持ちさせるための主婦の気働き　このように、米は、物理的な意味で主たる栄養として身体に摂取されるだけでなく、心意的な意味で、霊魂の依りつくところとしての霊的意味を有していたというのが、他の食物にはみられない特徴といえる。

そして、もう一つ注目されるのは、米の調理の仕方が多様である点である。これについて、柳田国男は「特に米の消費には注意を払い、たとえば一年の定まった日に限り、もしくはいろいろの潤沢なる材料を加味してできるだけその楽しみを永くしようとしたので、米を中心とした多くの調理法が、味や温かさや時々の物珍しさをもって、他の一面の不満足を補充した点に、初期の家刀自《いえとじ》等の人知れぬ気働きも籠っていた。みそうず・雑炊《ぞうすい》・ごもく飯の類の、名前はいかにも下品に聴えるが、いずれもある時代の食料問題の、最も親切なる解決であった。必ずしも飢饉や貧困のせっぱ詰まった窮策とは言われぬのである」と、米の蓄えを長持ちさせるために、米を食べる日を特定したり、他の材料を加味してできるだけ米を食べる楽しみを長続きさせるのは家刀自（主婦）の気働きによるのだと述べている。そして、みそうず・雑炊・ごもく飯などが必ずしも飢饉や貧困の対策だとはいえないと指摘している（柳田一九三一）。

米を長持ちさせるというのは、主婦の重要な役割が食物の管理と分配であり、多すぎないように少なすぎないように、家の者に飯を分配することであったということにもつながる。

この毎日の食の工夫の一つにカテ飯がある。これは、とくに米だけに限らず、昔は黍《きび》、粟《あわ》、稗《ひえ》などに大根や芋などをゆでて細かく切り、飯を炊く鍋《なべ》や釜《かま》の底に入れて飯にまぜて食べたり、モロコシ粉を水でこねて煮える飯の上にのせて蒸してご飯にまぜて食べたり、大根の葉や山間部ではリョウブの葉などさまざまな具材をカテテ（混ぜて）炊かれるご飯のことである。本書「粥とかて飯」で述べているように、カテ飯の工夫は東北地方の事例が多く報告されている。天明の飢饉を経験した米沢藩《よねざわ》は飢饉の救荒食物の手引書を作成して領民に配布した。そのなかにはさまざまなカテることのできる植物を記し、飢饉に備えて屋敷の周囲にウツギの木を植えることも奨励している。現在でも旧家の屋敷にはウツギが植えられているところにその伝承が受け継がれている。

カテ飯は飢饉対策のための知恵としての側面が強調されがちであるが、作り手の側からいえば、柳田が言うように「米を食べる楽しみ」を長続きさせるための主婦の知恵と工夫という側面も重要である。

そして、昔の食生活では、「主食の補い」が必要とされた。江馬三枝子が明治期に訪れた飛驒の山村の食事の風景に、カカサ（主婦）が稗飯を山盛りによそい、その「御飯の補いのソバ餅」を串にさして囲炉裏《いろり》で焼いていたと描かれている（江馬　一九三二）。サツマイモとモロコシ粉を軟かく煮て練りまぜたネリクリや、モロコシ粉を水でこね、これを片手でにぎって団子にし、オツケ（汁）またはオジヤに入れて食する（ツミイレとかオダンスと呼ばれた）など、多様な名称があるが、それらが主食の補いとして食されていた。

このような、雑穀を粉にして練って、ゆでた「モチ」や「団子」も毎日の食の工夫として注目されるものである。ハレの日の餅や団子は上質の材料を使って粉をひき、成形して、ゆでたり蒸したりして作られるが、その一方、砕米《くだけまい》や屑米《くずまい》や粃《しいな》と呼ばれる籾が混じったような米粉などを用いてふだんの日に団子を作ったりすることもしばしば行われており、ふだんの食としても重要であったことが、瀬《せ》川《がわ》清子《きよこ》によって指摘されている（瀬川　一九五六）。かつての主婦たちは、限られた材料を、しかも味が決してよくない屑米を、そのまま出すのではなく、少しでも家の者が食べやすいように粉にひいて練って、汁に入れて味をしみこませるなど、手間をかけていたことがわかる。

以上のように、本書は、米と餅をテーマとして、これまで日本各地の主婦たちが毎日の調理において、どのような工夫をしてきたか、それが祖母から母へ、嫁へ、娘へとどのように伝えられてきたのか、毎日の家族の腹を満たして、さらにハレの日には米の調理法や成形の方法を工夫することで、どのようなカワリモノ（ごちそう）を用意していたのか、その伝承の実態について考え、紹介してみるものである。以下では、米、餅、雑煮、おにぎり、すし、カテ飯、粥、赤飯、ぼた餅、シトギ、団子などを例に、その民俗と歴史について解説を行っていくこととする。

参考文献
江馬三枝子　一九三二年『飛騨の女たち』三国書房
大谷弘幸　二〇〇二年「炭化種子から見た農耕生産物の推定」千葉県文化財センター編『研究紀要23　房総における原始古代の農耕─各時代における諸問題Ⅱ─』
折口信夫　一九二五年「餅搗かぬ家」『旅と伝説』昭和四年一一月号（のち一九七六年『折口信夫全集　第十六巻』中公文庫）
一九二八年「大嘗祭の本義」『国学院雑誌』第三四巻第八・一一号（のち一九六六年『折口信夫全集　第三巻』中央公論社）
一九三二年「剣と玉と」『上代文化』第七号（のち一九六七年『折口信夫全集　第二十巻』中央公論社）
国立歴史民俗博物館編　二〇〇六年『日本の神々と祭り』

佐藤敏也　一九九五年「チマキ状炭化米の米粒解析」石川県立埋蔵文化財センター編『谷内・杉谷遺跡群』
新谷尚紀　二〇〇九年『伊勢神宮と出雲大社』講談社選書メチエ
　二〇一八年『神道入門—民俗伝承学から日本文化を読む—』ちくま新書
成城大学民俗学研究所編　一九九〇年『日本の食文化—昭和初期・全国食事習俗の記録—』岩崎美術社
　一九九五年『日本の食文化（補遺編）—昭和初期・全国食事習俗の記録—』岩崎美術社
瀬川清子　一九五六年『食生活の歴史』講談社（のち二〇〇一年、講談社学術文庫）
坪井洋文　一九七九年『イモと日本人—民俗文化論の課題—』未来社
藤尾慎一郎　二〇一五年『弥生時代の歴史』講談社現代新書
柳田国男　一九三一年『明治大正史　第四巻世相篇』朝日新聞社（のち一九九〇年『柳田国男全集26』ちくま文庫）
一九三三年「生と死と食物」『旅と伝説』昭和八年七月号（のち一九九〇年『柳田国男全集17』ちくま文庫）
一九三九年『木綿以前の事』創元社（のち一九九〇年『柳田国男全集17』ちくま文庫）
一九四〇年『食物と心臓』創元社（同前）
一九四六年『先祖の話』筑摩書房（のち一九九〇年『柳田国男全集13』ちくま文庫）

白米への憧れ
──米とは何か──

新谷尚紀

1　白米飯は一九六〇年代から──ムギメシとカテメシ──

麦飯から白米飯へ　戦後の一九四八年（昭和二三）生まれの筆者の記憶によれば、小学校二年生ころまでは麦飯であった。一九五五年四月に小学校入学だから、ちょうど高度経済成長期（一九五五─七三年）に入ったころである。それがあっという間に白米のご飯へと変わった。広島県山県《やまがた》郡の中山間地農村にある一般農家の食生活でのことである。戦中戦後の日本の食糧不足はたいへんにきびしいもので、政府も「食糧増産・自給政策」を全国的に推進していた。しかし、農家に米がないなどというようなことはなかった。一八八六年（明治一九）生まれの祖父はよくいっていた。百姓が食うに困るようなことはない、食うだけは残しておいて米の供出はするものだ、と。

武蔵野農村の明治大正期の食生活

しかし一方、一八九五年（明治二八）生まれの民俗学者瀬《せ》川《がわ》清《きよ》子《こ》（一八九五―一九八四）が一九五七年（昭和三二）ころに、明治から大正期にかけての武蔵野《むさしの》農村の生活体験を、当時七〇歳から八〇歳の明治生まれの古老たちの語りをもとに記録したものがある。それは東京都の杉並区がまだ農村だったころの話である。そこには米はなかなか食べられない貴重なものだったという体験談が集められている。

話者1　畑の七、八分は冬の作物の大麦であった。古くは小麦が多かった。主食は稗《ひえ》と麦で米は少し入れるだけであったが、稗は甘みがあってうまい。稗を使わなくなってから四〇年になるが、それからは麦七米三の飯で、あそこの家では半々だというと、ぜいたくだと思ったものだ。（杉並区永福寺《えいふくじ》　八一歳翁《おきな》）

話者2　以前は七、八人の家族で稗畑一反《たん》五畝《せ》から一年中食う分をとる。キミ（黍）は一反五畝で正月餅・寒餅《かんもち》を二、三石搗《つ》いて水餅《みずもち》にして置いて夏水田をしつけるまで食う。陸稲《おかぼ》二反の米は挽割《ひきわり》麦に混ぜて食う分だから売らないが、金が欲しいから稗を食って米を残して売る工夫をした。水田三反五畝の収穫物は売って、その金で肥料の糠《ぬか》を買ったり、着物を買ったりした。稗飯はたきたてはうまいがさめるとまずい。これに米を混ぜることもある。朝は稗飯、昼はその冷え飯、夜は挽割一升に米一、二合か三合入れた飯で、後には半々になった。魚は中野から塩鮭《しおざけ》・塩鱒《ます》・塩鰯《いわし》を売りに来た。（杉並区　八〇歳翁）

話者3　中から下の百姓は麦ばかり食べた。たまにはしの方に米を三合入れたから、米の水がしみておいしい、とうばいあって食った。稗のご飯は麦のワリ（挽割）よりうまい。うちのおばあさんは米の飯をふだんにあげると、毒でも食うように茶飲み茶碗で一杯食った。七八歳で死ぬまで大きいお茶漬け茶碗で稗飯を三杯ずつ食って、「わしが病んで蕎麦《そば》と稗が食べられなくなったら死ぬと思え」といったが、その通りだった。魚は好かなかった。（杉並区沓掛《くつかけ》町七八歳嫗《おうな》）

瀬川はこのような語りを紹介するとともに、『杉並区史』の中の次のような記事も紹介している。

記事1　この地帯は湿地だったためか直播《じかまき》耕作をしてそれをツミ田といった。阿佐谷《あさがや》などは全部ツミダ（摘み田）であったといい、神田上水の両岸も大正時代までツミダで、ツミダには糯米《もちごめ》が適したということである。（『杉並区史』）

そして、「以上は今日区内に健在する農家の老人たちの話であるが、稗飯をやめてからでも、馬糧《ばりょう》として田の水口に稗を植えたり、昭和に入ってからでも、いくらかずつ絶やさずに稗を植えている古風な農家もあったというが、それから今日まで五、六〇年たったばかりであるのに、その孫たちは、小鳥や鶏の餌になる稗や粟《あわ》の名をさえわずかに聞き知っているだけである。ということはおどろくべき生活の変化のはげしさ、忘却の力の大きさを語るものである」と述べている。

現在のJR中央線沿いの阿佐ヶ谷、荻窪《おぎくぼ》、北は西武新宿線の井草《いぐさ》、南は井《い》の頭《かしら》線の永福町、久我山《くがやま》といえば、いまではおしゃれな東京近郊の住宅街として多くの人たちが居住する地域である。しかし、その明治大正期の農村時代の住民たちの食生活では、ほとんど白米を食べられないような状態だったというのである。その重要な事実が、瀬川の民俗調査によって明らかにされているのはありがたいことである。

新潟県下の明治期の食生活　瀬川はまた、その杉並区の古老たちと同年代であった一八七七年（明治一〇）生まれの新潟県のジャーナリストでもあり民俗学者でもあった小林存《こばやしながろう》（一八七七—一九六一）が、雑誌『高志路《こしじ》』一六六号に載せた次のような記事をも紹介している。

記事2　今から五〇年前の明治期のわれわれの食生活は大体三部に分かれていた。蒲原《かんばら》平原はそれでも穀倉地帯の中心であるから米を主としてカテ飯を食った。主としてといったところで普通飯は米と麦とカテで、カテには大根の根、葉はもちろん野菜・山菜、低湿地帯ではヒシ・ジュンサイなどあらゆる水菜の葉、俗うつぎの葉まで加えたものであるから、米はその一部分であることはいうまでもない。

海岸八〇里一帯の漁村は雑炊領《ぞうすい》で、夜間漁に出る漁夫だけは、ともかく飯のかたちのものをチゲ（弁当箱）に入れて船に持ってゆくが、残った家族一同はその残り飯を、商品にならない小魚・雑魚《ざこ》の味噌汁《みそしる》に打ちこんだ雑炊で食事をすます。

魚沼《うおぬま》郡・頸城《くびき》郡の山村にゆくともっとひどい、粃米《しいな》に雑穀の粉をまぜた団子の中には餡《あん》の代わりに菜っぱの油煎に味噌あじをつけたものを入れた人頭大の焼餅をつくって、藁火《わらび》・柴火でじかに焼き、手で灰を払って食う。これをアンプ又はヤクモチといったが、それで茶を飲めば朝飯は終わりだから、朝に人に逢えば必ず〝茶あがらしたか〟という。昼飯に山にもってゆくのもそれである。山村は気候の関係で麦を作らないから〝どうもパンはぴたりと来ない、やはりアンプに限る〟と中魚沼郡水沢村の老人がいっていた。（『高志路』一六六号）

このような、米を日常食としない食事様式が日本各地で広く一定の地域差を含みながら近世から近代まで共通していたということ、つまり、白米のご飯は決して日常の食事にはなかったということは、近世の記録類からも、一九一八年（大正七）の「全国主食物調査」の記述からもみられるところである。

2　正月は白米飯と白餅——チカラツギとハガタメ——

特別な日の米の飯　二〇一〇年代の現在ではふつうになっている白米のご飯は、決して近世から近代にかけて、明治大正期においては決して日常的に食べられるものではなかった。しかし、その美味しさは古くから誰にもわかっていた。なぜなら、正月や盆の食卓や、結婚の宴席や葬式の膳《ぜん》、それに秋の収穫祭のときなど特別な日には米がよく食べられていたからである。さきほどの瀬川清子《せがわきよこ》による聞き取りの中でも、明治大正期の食生活の体験を話した東京都杉並区の古老の語りの中に、そのような特別の行事の日、モノビでの米の飯の美味しさを語っているものがある。

話者4　モノビには米の飯で、そのうまさといったら何ともいえないもので、米の飯の時は予定よりも多く炊かなければならなかった。麦が主食で米は年に二、三俵しか食わぬ。丸麦ばかりの飯はばく飯、挽割《ひきわり》は大麦を乾してからぬらして横杵《よこぎね》でついて、また乾してもう一度搗《つ》く。男も女もよなべに石臼《いしうす》をまわしてその大麦を割って、正月前に半分用意する。米も磨臼《すりうす》でひいて横杵で搗いて、半年分は用意するといったような忙しさで正月前一か月はたっぷりかかった。年末になると、正月餅と寒餅《かんもち》を大量に搗く。少ない家でも一石五斗、奉公人の多い家では四石位で、一石以下の餅を搗く家はなく、三、四軒の家で仲間になって餅の搗きまわりをした。そのうち一斗位は餅搗き当日、餡《あん》を入れてジザイ餅といって親類縁者に配るもので、餅を多く搗く家が豊かで、正月を迎える景気がよかったことはいうまでもないが、この餅は米の餅ばかりでなく、正月のための餅ばかりでもなかった。米の餅一俵ならキミ餅は三俵搗く。キミはこのあたりの土地にあってよくできたので、米の代わりにキミの餅を多く食ったのである。奥の方の村は粟餅《あわもち》が多かったが杉並区内の農家は粟餅は少なかった。正月用の他は五樽六樽の水餅《みずもち》をつくっておいて、家によっては三月まで毎朝雑煮を食い、それから田畑に出るようになれば、三時のおやつに焼いて食ったのである。（杉並区井草《いぐさ》　七一歳嫗《おうな》）

正月は米飯と白餅　つまり、ふだんの食生活では米はひじょうに貴重なもので十分には食べられなかったが、正月など特別な日にはやっと食べることができたのである。ここで、広島県の奥山県《おくやまがた》と呼ばれた芸北《げいほく》地方の中山間地農村における昭和三〇年代までの正月の食事の例をみてみよう。

記事3　ふだんは雑穀の粉や大根入りのかで飯をしかたなく食べている奥山県の芸北地方の人たちの楽しみは、年越しや正月、その他の節日に白米飯、白もち、どぶろくなどを食べたり飲んだりできることであった。富農、貧農のへだてなく、ふだんの粗末な食事にも耐えられるのも、このようなごちそうを食べられる日が、一年間の節目節目にあるからである。

正月のもち搗きは、使用人の多い家では、一石以上のもちを搗くことも珍しくない。ごくふつうの家でも平均三斗から五斗くらいは搗く。一臼目が白もちで、神仏に供える鏡餅をとり、そのあと雑煮用のひらもちをとる。そうして、多量のもちを搗くが、もち米だけのもちは三分の一から四分の一ていどである。あとは、うるち米の粉や、夏にとって乾燥保存しておいたよもぎ、うらじろ、ほうこ（ははこぐさ）などの野草や、あわやきびを入れたもち、くず米の粉を入れたてんこもちなどが大量に搗かれる。これらのもちは、保存のきく冬の間、ふだんごはんがわりとして食べ、米の食いのばしをはかる。

大みそか、越年のごちそうは、豆腐、野菜、なばを中心に、畑でとれる野菜を入れて、煮しめ、吸いもの、酢のものに料理し、手打ちそばが食膳をにぎわす。また、浜田方面から入荷する、まんさく（しいら）、さば、あじ、えい、はまぐりなど、ふだんはあまり食べられない魚貝類の刺身や煮つけ、汁の具が食膳に上がる。

正月の雑煮は、はまぐりを入れてだしをとり、薄切りの豆腐一枚、こんにゃく、ねぎていどの具ともちを入れ、たれのような濃いめの汁を少しかける。そのほか、黒豆とこんにゃくの煮もの、大根、にんじん、ごぼう、里芋、こうたけ（きのこの一種）を、別々に煮たもの、大根とにんじんとこんぶの酢のものなども膳に添える。正月には、雑煮もちのほかは、三食とも白飯を食べる。正月の年始まいりのもてなしでは、かならず雑煮もちと自家製のどぶろくがふるまわれる。正月のごちそうの中心は白飯と雑煮もちとどぶろくである。正月の三が日は毎朝、混じりけのない白いもちの雑煮を食べるが、四日朝からはよもぎもち、てんこもちなどを食べることになる。「正月や二日三日はよけれども四日の朝のてんこかなしや」というざれ歌が伝えられている。（『聞き書　広島の食事』）

山村でも正月は白米　この中国地方の山間農村地域のように、正月といえば美味しい白飯が食べられるたいへんうれしい日々だったのである。山間部とはいえ水田が開けた農村地域でのことである。収穫量が十分ではなくふだんは食べられないが、目の前で収穫している米であった。しかし、このような農村がふつうであった一方、自分たちの集落に水田がまったくない山村で米は一粒もとれず、焼き畑での雑穀栽培と狩猟や木工などで生計を立てていたような集落でも、正月といえば何としても米の飯と餅がなくてはならないとされていた例も少なくない。ここで、そうした例の一つ、山梨県の南アルプスのふところ深く早川の最上流の渓谷に位置する奈良田《ならだ》という集落の例を紹介しておこう。

記事5　奈良田は中世の文書も伝えているが、近世以降は約四〇、五〇戸が居住してきた集落である。生業は春から秋にかけての焼畑農耕と冬期の狩猟と木工で、水田はまったくない。米は一粒もとれない村である。耕作地は集落内のわずかずつの普通畑と集落外の山地に開かれた一五か所の切替畑だけである。昭和三〇年（一九五五）頃の主要作物は、大麦、小麦、とうもろこし、粟、きび、そば、大豆、小豆《あずき》、さつまいも、じゃがいもであった。しかし、正月支度の重要なことの一つは買物であった。年末の一二月二〇日頃に、下駄、コビキなど山の産品を背負って、巨摩《こま》山脈を横断する足馴《あしならし》峠を越して七、八里もある富士川沿いの町場である鰍沢《かじかざわ》に出てそれらを売り、帰りに買物をした。鰍沢には行きつけの宿屋があり、そこに一泊して、米、酒、魚などを買った。米は四斗俵で買い、麦も平地から上げたものの方がうまかったという。酒は一斗樽二本、塩魚は一二貫買ったという。（『西山村総合調査報告書』）

いくら山村であっても、米は正月にはどうしても必要なものとされていたのである。正月元日の朝食は米の飯、そば、吸物などであった。餅つきの日取りは八日《ようか》餅《もち》ともいって一二月二八日で、そのときに搗く年餅は月神様に供えるもので、平年は一二個、閏年は一三個搗いた。また、寺カンジョウといって一二月三一日には寺へ米四合五勺、大根、ごぼう、にんじん、味噌《みそ》などを布施《ふせ》としてもっていった。米は、正月中の餅や団子、一五日の十五日粥（小豆粥）、一六日の墓参りでのハナイレ（米を紙に包んだ供え物）、二〇日の二十日正月での強飯《こわめし》などに使った。その後はもう米ではなく、二月八日のコト八日の団子はオカサネといって月の数だけこしらえるが、それはキビとソバを混ぜた団子であった。

3　餅なし正月の伝承

餅なし正月　ではなぜ、この奈良田《ならだ》のような水田がまったくなく、米が一粒もとれない山村でさえも、正月だけは米を必要としていたのだろうか。なぜ、米にこだわっていたのか。それを考える上では、その逆も考えてみる必要があろう。その逆とは、正月に米餅を食べない、むしろ餅を忌み避ける家、餅を食べてはいけないという禁忌を伝えている家の事例が、日本各地に点々と存在しているという問題についてである。そのことに注目したのが坪井洋文《つぼいひろふみ》であった。坪井はそれらを餅なし正月と呼んで、日本を稲作単一文化ととらえる歴史観へのアンチテーゼとして稲作文化と畑作文化の二元論、両者の葛藤という点にその起源を求めたのであった。その解釈論は当時の網野善彦《あみのよしひこ》の『無縁・公界・楽』や『日本中世の非農業民と天皇』などに代表される中世史研究の動向への呼応関係ということもあり、一時興味を集めたものであったが、具体的な歴史的実証性という点で疑問が残されたままとなっている。そこであらためて、坪井が注目したそれらの民俗伝承の事例に別途注目してみる。すると、それらの中から稲作と畑作という二つの対立する文化的葛藤というのではなく、むしろ里芋から米餅へという正月の儀礼食の歴史的な変遷と重層という意味の情報が発信されていることに気づく。たとえば以下のような情報である（『イモと日本人』）。

記事6　坪井洋文の調査によれば、和歌山県東牟婁《ひがしむろ》郡太田村では、大晦日に角袋に米一升を入れ、餅と芋をおのおの一二個添えて、袋の角を結びつけて飾っておき、正月一一日の地祭りにその米を唐臼《からうす》で三杵ほど搗《つ》いて飯に炊き、餅と芋とで雑煮をこしらえ、神さまに供え、また人もいただくという。つまり、正月の神さまに供えるために白米の飯と餅と芋とが必要だったのである。それを人びともいただくというかたちである。

記事7　村田熙《むらたひろし》の調査によれば、鹿児島県大島郡三島村黒島の片泊部落では、一二月三一日のトシノバンの祝いの膳《ぜん》は決まっており、ハガタメ（餅二つ）、里芋（二つ）、ゆずり葉、大根、の四品は必ず出す。ハガタメは焼いて少しでも食べなくてはならない。その後でほかの料理を食べてよいという。元日の朝は里芋と餅でトシを迎え、昼は餅を食べる。そして晩にチカラツギを食べる。力がつくように、一箸でも食べなければならないといわれる。これがご飯の食べ始めである。

記事8　小野重朗《おのじゅうろう》の調査によれば、鹿児島県肝属《きもつき》郡佐多《さた》町瀬戸山では、トシノバン（大晦日）には、四つ組の膳を作って家族みながそろって膳につく。四つ組は飯、汁、煮物、なますの四種がそろってある膳で、農家ではたいへんなごちそうだといえる。正月の朝の食物は、今では雑煮を作る家も多くなったが、古くからのしきたりは里芋の料理で、大きな里芋を丸ごと盛りつけた汁だけである。時には里芋をゆでて、その皮をむきながら塩をつけて食べることもする。もうこれ以外には、特別な料理は作らないというのが習慣になっている。元日に里芋だけは必ず食わなければならぬと思われて実行されているが、それは子孫繁盛の食べ物だからだといわれている。

芋と米という新旧の併存　これらの記事にみえる里芋についてはどうか。里芋はいまでも正月料理の中では子孫繁盛のための縁起のよい食べ物とされており、きわめて一般的なものである。そうした中で考えると、この鹿児島県佐多町瀬戸山の事例のように、里芋だけは古くからのしきたりで必ず食わねばならないとされている伝承は注目される。なぜなら、それがご飯や餅よりも歴史的に古くからの正月の年取りのためのだいじな食べ物とされていたことを示す情報だからである。

また、ハガタメ（餅）は少しでも食べなくてはならない、チカラツギ（ご飯）も一箸でも食べなければならないという伝承も、餅やご飯がただ味の上で美味しいからという理由だけでなく、それ以外に、正月の行事では、ハガタメ（歯固め）やチカラツギ（米で生命力を付加する）のために、何としても餅や飯が必要であったという伝承が歴史の中に長く存在してきているということを示している。つまり、里芋か白餅かという二者択一ではなく、民俗伝承の実態の中には、正月の食べ物として両者が併存しているのである。そうした中にあって、里芋をとくに重視してそれにこだわっている事例が餅なし正月というかたちで伝承されているのだという解釈が可能となるのである。そして、その古くからの里芋にも新しい米餅にも共通しているのは、正月とはトシであり年取りであり、チカラツギともいわれるように心身に新たな生命力をつけるということがもっとも重要なことだったという点である。米餅の場合にはそれが固いものであるためにハガタメ（歯固め）という長寿への願いが付け加えられたのであろう。

そして、そのチカラツギ（米飯）やハガタメ（鏡餅）の特徴としては米であるとともに、それも清新な白い米餅であったという点に意味があったと考えられる。それは、白い米、白い餅を強調する歴史情報や民俗伝承情報が少なくないからである。たとえば、歴史的な伝承情報の一つとしては、古代の『豊後国風土記《ぶんごのくにふどき》』の中にみえる、芋に代わって白鳥《しらとり》が白き餅に化して豊かな国となったという記事である。それは小さいながらも重要な歴史伝承情報である。現在の民俗伝承の例でも、白い餅、清らかな餅を神饌《しんせん》用や鏡餅にするという例は数多く、前述の広島県の芸北《げいほく》地方の例でも白い飯、白い餅ということが強調されていた。また、たとえば東京都東久留米《ひがしくるめ》市の一村落の事例でも、餅搗きでまず清らかな白い餅を鏡餅や神饌の餅として取り分け、わざわざそれを箕《み》の中に並べておいて邪気がよりつかないようにするという習慣を伝えていた。正月のチカラツギ（米飯）やハガタメ（鏡餅）の米や餅とは、清らかな生命力を連想させてくれる白い清新な食物という点に意味があったものと考えられる。長寿の齢、つまり、白い歯への類似連想（アナロジー）もそこにはあったものと考えられるのである。ただ美味しいからというだけではなかったのである。

生活の古典　この記事7の、鹿児島県三島村黒島にハガタメという語が残っていることと、平安時代中期の『源氏物語』や『枕草子』をはじめとする古典の中に、正月行事の一つとして、齢《よわい》を延ぶる歯固《はがた》めの祝いが餅鏡で行なわれていた記事があることを考え合わせてみると、まさに折口信夫《おりくちしのぶ》が民俗は生活の古典であるといった解読法が想起される。たとえば、信濃《しなの》や三河《みかわ》の山間部の猟師たちの間で「しゃち」という語が伝えられているが、それは鉄砲玉の最後の一発に残る獲物をとる威力という意味である。だから、その最後の一発は決して撃ってはならないのである。その民俗伝承の中の小さな事実が、はるかむかしの『日本書紀』の山幸彦《やまさちひこ》・海幸彦《うみさちひこ》の名前にもつながるという。そして、『万葉集』巻一の、

大夫《ますらお》の　得物矢手挿《さつやたばさ》み　立ち向ひ　射る円方《まとかた》は　見るに清潔《さやけ》し（六一番）

という歌にみえる、得物矢という使われ方にも通じるというのである。さち・しゃちとは自然界の恵みを獲得する威力、その外来魂が体内に入ること、そして得られる威力ある生命力のことだという。そして、「このように、今では理会の及ばない信仰となって残ったしゃちが、実は大昔の海幸山幸に繋がっているのである。たった一つの例ではあるが、この比較研究法は成り立つと思う」と折口

はいう。

4　稲作と米の歴史——政治の米・経済の米・文化の米——

稲作のはじまり　米の意味とは何か、それは米と稲作の歴史をたどるところからみえてくる。日本列島における稲作の歴史はおよそ紀元前一〇世紀半ばまでさかのぼることが、二〇〇三年（平成一五）に国立歴史民俗博物館を中心とするＡＭＳ（加速器質量分析）炭素14年代測定法の活用によって明らかにされて大きな問題となった。九州北部ではその紀元前一〇世紀半ばに始まっていたのだが、それだけでなく、その後の日本各地への伝播がひじょうにゆるやかだったということもわかってきたのである。瀬戸内西部地域まで約二〇〇年ほど、摂津《せっつ》・河内《かわち》地域までは約三〇〇年ほど、奈良盆地には約四〇〇年ほど、中部地域には約五〇〇年ほど、南関東地域には約六〇〇年から六五〇年ほどの時間がかかっていたことがわかってきた。その間、東北地方北部日本海沿岸では、関東地方より早く紀元前四世紀ころには北上して伝わっていたものの、紀元前一世紀になるとその東北北部では稲作を放棄してしまっていたことも明らかとなってきた。約六〇〇年から六五〇年といえば、南北朝時代から現代までの時間幅である。その時代をかんたんに弥生時代などとは、もうとても呼べなくなってしまったのである。

稲作定着への困難——約六五〇年もかかった　紀元前九〇〇年代後半に北部九州で水田稲作が始まってから、紀元前二〇〇年代に関東地方南部に広まるまで、およそ六五〇年という途方もない長い時間がかかったことになる。ただし、稲作は東北地方北部の現在でいえば山形市と仙台市を結ぶ線あたりを北限として、それ以北には定着しなかった。ではなぜ、稲作の伝播と普及に途方もなく長い時間がかかったのか。それは、まず第一に、稲作労働の過酷さである。灌漑による水稲耕作には多くの人手が必要である。多くの人たちに対する統率力が必要であり、労働力を強制的に動員する権力とシステムとが不可欠である。そこには、労働を強制される階層と、収穫物を集積する階層という両者の形成が必然化されることになる。採集、狩猟、漁撈という生業複合の中で自然循環のシステムの中に生活できていた人たちに対して、強制的に灌漑土木とその施設維持や、水田稲作労働とそれにともなう施肥や除草や病害虫鳥除けなど、さまざまな重労働を継続的に課していくことには大きな困難があったものと推定されるのである。

稲作定着と古墳築造　第二の重要な問題は、三世紀半ば以降の古墳築造の文化が、東北地方北部の稲作が定着しなかったところには成立しなかったという歴史事実である。古墳の築造はその被葬者である首長や王の権力表象であり、その生前からのシステマティックな労働力の把握とその動員力とを不可欠としている。つまり、水田稲作における多くの労働力の動員力がすでにその背景にあってこその古墳築造だったのである。言い換えるならば、水田稲作によって実現した労働力結集の持続可能化と、その労働力の農閑期における余剰部分の継続的結集活用という意味が古墳築造にはあったのである。三世紀半ばの纒向《まきむく》遺跡や箸墓《はしはか》古墳の時代から七世紀初頭の見瀬《みせ》丸山《まるやま》古墳の時代までの約三五〇年間、総計約五二〇〇基の前方後円墳（約四七〇〇基と前方後方墳約五〇〇基を含む）が日本各地で築造されたのであったが、では、その古墳時代とは何であったのか。それは単に大きな墓を作った時代というのではなく、それぞれの地方の首長王権のもとに水田稲作をその社会に徹底的に定着させていった時代だったのである。それは当然、稲を租税として集積するシステムを構築し、それを洗練し強化して持続可能なものとしていった時代だったのである。

「稲の王」としての天皇　古代の律令国家の体制が構築される最終的な段階は、七世紀末の天武《てんむ》持《じ》統《とう》朝といってよい。そのとき重要な王権儀礼として整備され定例化されていったのが、新嘗祭《にいなめさい》と大《だい》嘗祭《じょうさい》、広瀬大忌神祭《ひろせおおいみのかみまつり》と竜田風神祭《たつたかぜのかみまつり》であった。そして、これを起点として、その後の長い日本歴史を通じて、稲と米は、神祇《じんぎ》祭祀《さいし》の上でも政治権力の行使の上でも重要な意味をもちつづけた。たとえば、祭祀の上では天皇の毎年一一月の新嘗祭や天皇即位に際しての践祚《せんそ》大嘗祭、伊勢神宮の日《ひ》別《ごと》朝夕《あさゆう》大御《おおみ》饌《け》祭《さい》や毎年九月の神嘗祭《かんなめさい》におけるもっとも重要な神饌《しんせん》として伝承されてきているのが稲と米である。政治の上でも古代の律令制下の田租、古代中世の荘園公領制下の年貢、近世の幕藩体制下でも稲と米の生産高を基準とする所領支配と徴税システムとしての石高《こくだか》制が整備され、そのもとで年貢米が重要な意味をもったのであった。つまり、前近代の長い日本歴史の中では、「政治の米・経済の米・文化の米」という、米の価値の三位一体のシステムが貫徹してきていたのである。

稲作定着と租税納入のシステム成立の背景　労働の過酷さによって九州北部から関東南部まで、稲作定着の東漸運動に紀元前一〇世紀半ばから前三世紀半ばまで約六〇〇年から六五〇年もかかった稲作が、やがて定着していき、それが古墳築造へ、そして、律令国家体制へという運動をたどったその背景にあったものとは何か。それについて考えさせる情報が、律令の条文の中にある。その第一が、大宝令《たいほうりょう》の中の神祇令《じんぎりょう》の条文と『延喜式《えんぎしき》』の祈年祭《としごいのまつり》の祝詞《のりと》であり、第二が、大宝令の中の儀制令《ぎせいりょう》の春時祭田条《しゅんじさいでんじょう》の記事である。

幣帛班給制　七〇一年（大宝元）に制定された大宝令の中の神祇令の規定によれば、次のようにある。

それ祈年・月次《つきなみ》の祭りには、百官、神祇官に集まれ、中臣《なかとみ》、祝詞を宣《の》べ。忌部《いんべ》、幣帛《へいはく》を班《あか》て。

このような神祇官から諸国の神社への幣帛の班給には、いったいどのような意味があったのか。その一点目は、律令国家の成立以前は、全国の神々はそれぞれの地方の首長が国造《くにのみやつこ》などとして自分たちの祭る神として祭祀していたのであったが、それが、新たな律令制下では、国造など従来の地方の首長に代わって、天皇が神祇官を通じて直接的に全国の神々を一括して祭るという体制となった、ということである。その二点目は、皇祖神《すめみおやのかみ》と天皇の祭りに捧げられた稲穂や幣帛など、前年の最良の収穫物が、全国各地から参集した祝部《はふりべ》たちに班与され、それを通じて全国の神々の祭祀が行なわれるかたちとなった、ということである。そして、毎年もっとも重要であったのは、その年の豊年を祈る二月の祈年祭であった。その祈年祭における中臣の祝詞には、次のようなことが唱えられていた。

高天原《たかまのはら》に神留坐《かむつまりま》す、皇睦《すめむつ》、神漏伎命《かむろぎのみこと》、神漏彌命《かむろみのみこと》をもちて、天社《あまつやしろ》国社《くにつやしろ》と称辞竟《たたえごとお》え奉る皇神等《すめがみたち》の前に白《もう》さく、今年二月に御年《みとし》初めたまはんとして、皇御孫《すめみま》の命《みこと》のうづの幣帛《みてぐら》を、朝日の豊逆《とよさか》登りに、称辞竟えまつらく、と宣《の》る。

御年の皇神等の前に白さく、皇神等の依《よ》さしまつらむ奥つ御年を、手肱《たなひじ》に水沫《みなわ》かき垂《た》り、向股《むかもも》に泥《ひじ》かき寄せて、取り作らむ奥つ御年を、八束穂《やつかほ》の茂《いか》し穂に、皇神等の依さしまつらば、初穂《はつほ》をば、千《ち》頴《かい》八《や》百《ほ》頴《かい》に奉り置きて、瓱《みか》の上高知り、瓱の腹満《み》て双《なら》べて、汁《しる》にも頴《かい》にも称辞竟え奉らむ。

つまり、皇祖神と皇御孫たる天皇の祈念によって豊かに稔った稲穂や種々の幣物をもって今年の生産に励めば、ふたたびその霊力の加護により、豊かな収穫が期待できるというのである。この祭りに供えられている御年とは稲穂や種々の幣物という意味であり、それは、皇祖神と皇御孫たる天皇の霊力で満たされており、豊作をもたらす力をもつものと考えられていた。それを全国から集められた祝部たちがもって国元に帰り、その国の有力神社の祈年祭に供えて種籾《たねもみ》として田に蒔《ま》けば、皇祖神と皇御孫たる天皇の絶大な霊力のおかげで豊かな収穫が期待できると考えられていたのである。そして、その収穫物の中から、神々の加護への感謝、皇祖神と皇御孫たる天皇の霊力への感謝のしるしとして、毎年の新鮮な初穂が捧げられたのである。

こうして、その初穂の捧げ物が、皇祖神と皇御孫たる天皇の新嘗祭の嘗物《なめもの》と祈年祭の幣帛として、あらためて霊力を付与されて、次の年の祈年祭でふたたび全国の祝部へと班給されて神々に供えられるというしくみができあがっていたのである。

春時祭田 そしてもう一つ、第二の、大宝令の中の儀制令の春時祭田条の記事には次のようにある。

凡そ春時の祭田の日には、郷の老者を集めて、ひとたび郷飲酒礼を行なえ。人をして長を尊び老を養う道を知らしめよ。其れ酒肴等の物は公廨《くげ》を出して供せよ。

(春の田の祭りの日には、郷村の老齢者を集めてみんなで酒盛りの宴を行ないなさい。長上を尊敬し、老人をいたわり養う道徳の大切なことを人びとに教えなさい。酒盛りの費用はすべて公の税物の稲米を使いなさい)

さらに、『令集解《りようのしゆうげ》』に収めるこの条文の注釈書によれば、より詳しく、当時の状況について次のように記している。

諸国の郡郷里のもとでの村々には、村ごとに社の神が祭られている。社の首《おびと》と呼ばれる神主がいて、春秋の豊年祈願と収穫感謝の祭を司っている。村人が他所に出かけるときは、その身体の安全祈願のためとして神幣《みてぐら》を出させ、収穫時には家ごとの収穫量に応じて、初穂の稲米を神々に捧げ、また出挙《すいこ》を行なって利息を得ている。祭田の日には神々に献上する酒と食物を用意し、老若男女を問わず、村人すべてを社に集めて、飲食物をふるまう。それが春秋二時の祭りである。そして、その場で、国家の法、租税の法とは、初穂の献上と同じことであると教えている。

つまり、中央の朝廷で、神祇官を通じて行なわれる祈年祭・月次祭・新嘗祭は、全国から参集した祝部たちを通じた幣物の班給によって、地方の国はもちろん郷や村の神社の祭祀のレベルにまで連携し循環していたのである。そして、租税の基本的な意味づけの根底には、収穫感謝のための神へ捧げる新穀、初穂の奉納という意味があったのである。そして、春秋の豊年祈願と収穫感謝の祭では、神々に献上する酒と食物を用意し、老若男女を問わず、村人すべてを社に集めて、飲食物をふるまっていた。過酷な稲作労働の続く日々の中で、そのような一年の生活のうちに何度かめぐってくる特別な祭りの日に限っては、白い米とにごり酒、それに山海のごちそうが思い切りふるまわれていたのであり、白い米飯とにごり酒の美味しさに酔いしれる人たちの姿が浮かんでくるようである。

5　米はどのように食べられてきたのか——強飯・姫飯・粥・餅の四点セット——

『万葉集』にみえる米飯　日本歴史の中では、米は「政治の米・経済の米・文化の米」という三位一体の価値システムの中にあった。では、そのような貴重な米はどのように消費されたのか、歴史記録の中にみえる米の食べられ方について少しだけだが、みてみよう。

まず、奈良時代では、よく知られているのは、『万葉集』巻二の有間皇子《ありまのおうじ》の歌であろう。

家にあれば　笥《け》に盛る飯《いひ》を　草枕　旅にしあれば　椎の葉に盛る（一四二番）

家では食器で食べる米飯だが、旅の中では椎の葉に盛って食べる、というのだが、米飯が生命の力を象徴するとすれば、ここには奥深い意味が詠みこまれていることがわかるであろう。民俗伝承の盆の供物からの類推によれば、椎の葉に盛るとは、死者の世界への旅路の中での米飯だという意味が隠されている可能性があるのである。

また、女性が飯を嚙み酒に醸して味わうという方法もあったことが知られるのは、次の『万葉集』巻一六の女性の歌である。自分のもとを去ってしまったかつての夫のことをしのぶ悲しい歌であるが、醸《か》み酒には女性の愛情と精神とが凝縮しているかのような歌である。

味飯《うまいひ》を　水に醸《か》み成し　わが待ちし　代《かひ》はかつてなし　直《ただ》にしあらねば（三八一〇番）

当時の皇族や貴族たちの食生活は米飯に恵まれていたであろうが、一般の官人たちはそうではなかったであろう。奈良時代の古文書類が年代順に整理された『寧楽遺文《ならいぶん》』に収められている解文《げぶみ》の類をみてみると、官寺の僧侶や写経所の下級官人、諸工人、雇役夫たちへの米の給与の様子が記されている。そこでは白米と黒米などの品質と、人別二升とか一升二合とかその階層に応じて数量が記されている。しかし、それらの米はおそらくはすべてが食用のためのものではなく、貨幣に代わる生活費をまかなうための給与であったと考えられる。

平安貴族の米飯食　平安時代の貴族や僧侶たちの食文化の一端が知られる例としては、『源氏物

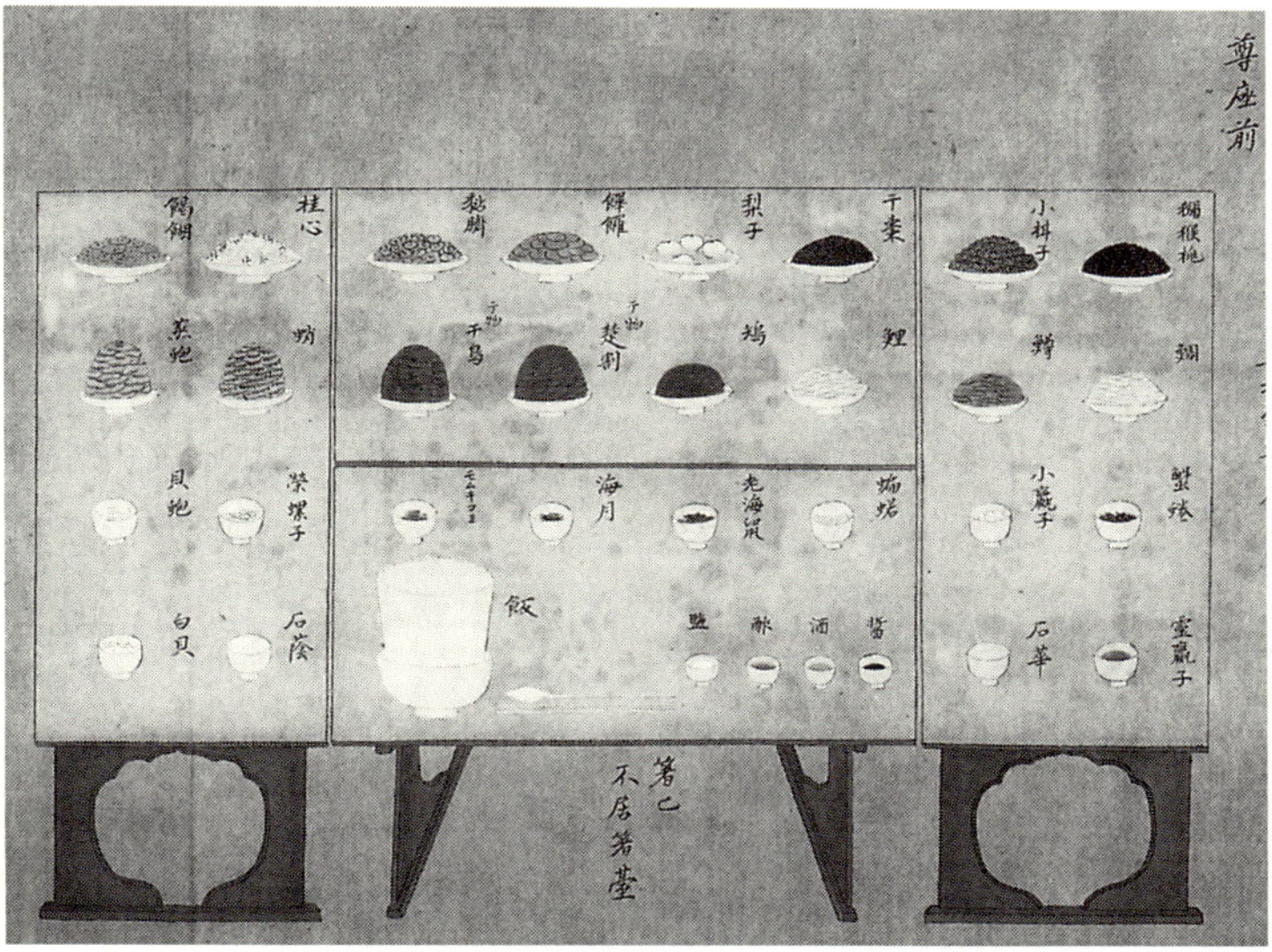

図　正月大饗の「尊者」の膳（『類聚雑要抄』より）

語』や『枕草子』などの文学作品の記事、そして『年中行事絵巻』や『類聚雑要抄《るいじゆざつようしよう》』などの絵画資料がある。『源氏物語』宿木《やどりぎ》の巻には、男子出産の折の産養《うぶやしない》に「五日の夜、大将殿より屯食《とんじき》五十具、五てのせにわうばんなどは常のやうにて」とある。屯食というのは平安、鎌倉時代に宮中や貴族の家で催し事があるときに下仕えの者にふるまわれた飯や酒食のことで、貴族の日記類にも頻出する。しかし、江戸時代には京都の公家社会では握り飯のことを意味するようになっていた。「わうばん」は椀飯、埦飯、垸飯などと書き、飯器に盛ってすすめる飯のことで、これも貴族の日記類に頻出する。公卿たちが殿上に集まったときの供膳《きようぜん》の意味でもこの語は用いられ、『年中行事絵巻』や『類聚雑要抄』にはその絵がみられる。鎌倉、室町時代には将軍家に大名が祝膳を奉る儀式となり、年頭恒例の行事となった。それが江戸時代後半ころからは、庶民の家でも正月に本家に分家の者たちが集まり年頭の祝宴を張ることを大盤振舞いと呼ぶようになった。

摂関家の家司《けいし》藤原親隆《ふじわらのちかたか》による『類聚雑要抄』（一一四六年〈久安二〉ころ成立）に載せてある一一一六年（永久四）正月二三日に藤原忠通《ただみち》の東三条殿で開かれた正月大饗《しょうがつだいきょう》の食膳の図には、当時の献立が説明文とともに詳しく描かれており、たいへん貴重である。位階や職分によって大小の差異はあるが、基本的には同じ献立であり、手前左に高盛飯《たかもりめし》が配置されているのは共通している。この高盛飯は横に置いてある匙《さじ》と箸で食べたものと思われる。

強飯と姫飯　米を飯に炊く調理具として古くから使われていたのは甑《こしき》であった。鉢型の瓦製で、底に湯気を通すいくつもの小穴をあけ、湯釜《ゆがま》にのせて蒸す調理具である。奈良時代の『万葉集』に収める山上憶良《やまのうえのおくら》の貧窮問答歌《ひんきゅうもんどうか》の中の次の一節が有名である。

伏廬《ふせいほ》の　曲廬《まげいほ》の内に　直土《ひたつち》に　藁《わら》解き敷きて　父母は　枕の方に　妻子《めこ》どもは　足《あと》の方に　囲《かく》み
居て　憂へ吟《さまよ》ひ　竈《かまど》には　火気《ほけ》ふき立てず　甑には　蜘蛛《くも》の巣《す》懸《か》きて　飯炊《いひかし》く　事も忘れて

この甑で蒸した飯はおそらく粳米《うるちまい》の玄米飯で強飯《こわいい》であったろうと考えられる。強飯は粘り気のない飯で現代人からみれば、固くて食べにくいものだったであろう。やがて、平安時代中期ころになると、精白米も普及し姫飯《ひめいい》というやわらかく食べやすい飯が食べられるようになった。その姫飯は糯糅飯とも書き、『和名抄《わみょうしょう》』〈九三一年〈承平元〉―三八年ころ〉には「比女或説云非飯非粥之義也。煮米多水者也」とある。強飯でもなく粥《かゆ》でもないもので、水を多く加えて鍋《なべ》や釜で煮るものであった。なお、粥は同じ『和名抄』に「之留加由〈汁粥〉」とあり、『源氏物語』手習にも「いびきの人は、いと疾《はや》く起きて、かゆなど、むつかしきことどもをもてはやして」とあり、貴族社会では朝餉《あさげ》に供されていたようである。『宇津保物語』蔵開・上には「白き御かゆ一桶、赤き御かゆ一桶」とあるので、精米した白米で作った白粥とそれに小豆《あずき》を加えて作った赤粥が正月には供されていたことがわかる。

米飯食の伝統四点セット　米も、粳米とともに糯米《もちごめ》も普及してきて、『源氏物語』初音《はつね》には、「ここかしこにも群れゐつつ、歯固《はがた》めの祝《いわい》して、餅鏡《もちひかがみ》をさへ取り寄せて、千年の蔭にしるき年の内の祝言どもして、そぼれあへるに」と、正月の歯固めの祝いに鏡餅が供えられていることが記されている。そして、強飯も粘り気のある糯米が用いられるようになり、米飯食も姫飯だけになるのではなく強飯も伝統食としてこののち長く食されていくことになる。そして、この強飯と姫飯と粥という米飯食の三点セットと、それに餅を加えた四点セットが、通常食と儀礼食の両方の場面で、日本歴史の中の米飯食の中心的な流れとなっていくのである。正月行事の中で、また正月の食事の中で、強飯、姫飯、粥、そして餅というのは、小豆を加えてたいへん重要なものだという歴史が、民俗伝承として長く今日にまで伝えられてきているのである。

前述の里芋の例も含めて、正月料理などの行事食や儀礼食の中には、古代から現代までの長い歴史の中で、時代ごとに登場したさまざまな重要な食材と調理法とが、新旧ともに併存しあいながら伝承されているのである。かつての生活の中で工夫の末に実現し機能していたものは、いずれも消滅してはいない。伝承力を持ち続けているのである。日本民俗学の独創的な視点として柳田国男《やなぎたくにお》や折口信夫《おりくちしのぶ》が提示し、伝承文化を研究する上で必須の視点として注意を促したのが、このような新旧さまざまな要素が伝承力を持ちながら伝承文化の中に併存し混在しているという事実を見逃さない、という歴史の動態を見抜く視点であった。つまり、いま、歴史とは何かを考える私たちにも、そのような新旧の要素を見分ける鑑識眼が求められているのである。

なお、古代律令国家のもとで、重要な保存食でもあり携行食でもあるとされた糒《ほしいい》の意義も見落とせない。糒は米を蒸して飯《いい》にし、それを寒風で乾かすことによって重さは軽く体積は小さくしたもので、湯で戻して食することができ、保存と携行には最適なものであった。大宝令《たいほうりよう》（養老令《ようろう》）の倉庫令の倉貯積条には「凡そ倉に貯《つ》み積まむことは、稲《とう》、穀《こく》、粟《ぞく》は九年支へよ。雑種は二年支へよ。糒は廿年支へよ」とある。「稲《とう》」は刈り取って穂がついたままの稲、「穀」は籾《もみ》のついたままの脱穀する前の米、「糒」は乾した飯で乾飯《かれいい》である。糒は二〇年の貯蔵を定めており、いかに重要なものであったかがわかる。律令制下では軍団兵士の携行食として、またのちには『今昔物語集』に猟師も「餌袋《えぶくろ》に干飯を入れて、堅き塩、和布《わかめ》など具して持来て」などとある。中世以降は武士たちの携行食や寺院の食材ともされ、近世以降は猛暑の夏季には冷水に浸してよく京都などでは賞味された。上方風の和菓子、桜餅で有名な大阪府藤井寺《ふじいでら》の道明寺粉《どうみょうじこ》ももとは寺院での保存食に由来している。米と餅は、儀礼食・通常食・保存食・携行食・嗜好品などさまざまな進化をとげて現代にまで長い伝承世界を形成してきているのである。

参考文献

川村重雄・小泉和子編　一九九八年『類聚雑要抄指図巻』中央公論美術出版
小林　存　一九五五年「日本人の食生活展望」『高志路』一六六号
櫻井秀・足立勇　一九七三年『日本食物史　上』雄山閣出版
新谷尚紀・関沢まゆみ編　二〇一三年『民俗小事典　食』吉川弘文館
瀬川清子　一九五六年『食生活の歴史』講談社（のち一九六八年、名著シリーズ、講談社）
関根真隆　一九六九年『奈良朝食生活の研究』吉川弘文館
坪井洋文　一九七九年『イモと日本人─民俗文化論の課題─』未来社
内　務　省　一九一八年『全国主食物調査』
永山久夫　二〇一七年『「和の食」全史』河出書房新社
西山村総合学術調査団編　一九五八年『西山村総合調査報告書』山梨県教育委員会
「日本の食生活全集　広島」編集委員会編　一九八七年『聞き書　広島の食事』農山漁村文化協会
文化財保護委員会編　一九六六年『正月行事Ⅰ』平凡社

粥とかて飯——調理の知恵と工夫——

加藤幸治

1　庶民の主食品へのまなざし

コメを節約する知恵　日本人の庶民の主食が粥《かゆ》やかて飯であったと聞くと、多くの人は真っ先に貧しさに思いをめぐらせるであろう。現代のように白米の飯、いわゆる銀飯を食べるのが日常化するのは高度経済成長期以降である。それは半世紀あまりの歴史でしかない。

人々は米の不足を雑穀や芋、根菜などで補ったり、湯でのばして粥にしたりして、工夫を凝らしてきた。かて飯とは、米に穀類や野菜、海藻、魚介などを混ぜて炊いた飯のことである。かて飯が、概して東日本に色濃く浸透しているのに対し、西日本には広範な茶粥《ちゃがゆ》文化圏の展開を見ることができる（農山漁村文化協会編　二〇〇三）。こうした食品は、凶作や飢饉に備えて米を節約するため、庶民はこうしたものを主食とすることを強いられたというのが従来からの見方であり（月明会編　一九四四）、たしかにそうした側面は否定できない。しかし、粥とかて飯を貧しさのあらわれとしてではなく、地域ごとの生業に応じたさまざまな作物を主食品にする知恵の痕跡として、あるいは庶民の食事の主軸をなしてきた食品としてとらえるところから、日本の庶民の食文化の一側面について考えてみることができよう。

しかし、飯や粥といった主食品に対する研究は、決して十分に深められてきたとはいえない。食文化は、日々の生活のみならず、年中行事や儀礼、生業など、さまざまな暮らしの要素と深く結びついている。しかし、フィールドワークにもとづいて描き出される民俗誌において、副食品の調製・加工の技術、貯蔵のための知識、生産技術などは詳細な記述が重ねられるのに対し、毎日の食事の主食品である飯や粥に対する記述は驚くほど少ないものが多い。もっとも身近なものであるがゆえに、それを当たり前のものとして深く追究することを忘れてしまうのであろう。

米食の多様性　庶民は、いつの時代も十分に白米を享受してこなかった。その理由は、技術や知識の科学性の不足や、災害に対する脆弱性《ぜいじゃくせい》、権力による搾取といった抑圧的な側面など、否定的な側面もあれば、単一の作物に依存しないで、さまざまな作物の栽培を組み合わせることで不安定な農業を生き延びるといったリスク回避的な側面もあった。米の不足を補うことは、多彩な生業の展開を生み出し、日本列島における食文化の豊かな地域性を育む基礎となってきた。同時に、日本人にとって白米は、神饌《しんせん》として神に供えるものであり、儀礼食と深く結びついたハレの作物であった。こうした白米の飯の持つ性格は、白米への憧憬へとつながってきた。

歴史的には、富の単位とされ、土地の価値を示すものともなり、国力を裏付けるものであった米への憧憬は、日本史や日本文化の理解において、極めて重要な視角である。粥とかて飯に代表される庶民の主食品を文化の問題として展開させるためには、粥やかて飯の地域的な差異と多様性を浮き彫りにしていくことが求められる。日本の粥については白粥か茶粥ぐらいしかなく、さしたる地域性は存在しないと、多くの人が思い込んでいる。しかし後述するように、粥や飯には、種々の食材が柔軟に米と混ぜ合わされ、地域的な差異と多様性を持っている。

2　江戸時代の「かてもの」研究

米沢藩の救荒政策　山形県の米沢《よねざわ》城下では、米沢藩の重臣であった直江《なおえ》兼続《かねつぐ》が救荒作物として生垣に植栽することを奨励したとされるウコギが、今でも随所に見られる。ウコギのトゲは防犯にも役立ち、雪解けの時期に芽吹く鮮やかな緑色の新芽は、この地方でキドいと称する独特の苦味と香りのある食材となる。この新芽を塩茹でして飯に混ぜ込んだのがウコギ飯であり、春の到来を感じさせる郷土食である。

その米沢藩の発展の礎を築いたとされる上杉治憲《うえすぎはるのり》（鷹山《ようざん》）は、救荒に役立つ植物の知識を普及するため、莅戸善政《のぞきよしまさ》と中条至資《なかじようよしすけ》に手引書の作成を命じた。飢饉の際に食料となる野草類をいろは順に列記し、調理法・食べ方を記したものを木版印刷して領内に配布したのが、一八〇二年（享和二）刊行の『かてもの』である。『かてもの』には、救荒食物となる植物とその調理法、味噌《みそ》の製法、獣肉の保存法などが、具体的に記述されている。実際、天保の大飢饉において、米沢藩では一人の死者も出なかったとされていることから、『かてもの』は近世の代表的な救荒書として位置付けられている。

『かてもの』をつぶさに読んでみると、これが単なる救荒のための食材リストではないことがわかる。中国で発展した薬効のある植物や動物、鉱物などを研究する本草学《ほんぞう》は、近代の植物学よりは、医術や薬学に近い学問であり、江戸時代にはこれに対する学問的関心が非常に高まった。『養生訓《ようじようくん》』を著したことで知られる貝原益軒《かいばらえきけん》は、一七〇九年（宝永六）に日本の植物の特徴や薬効についてまとめた『大和本草《やまとほんぞう》』を出版し、中国渡来の本草書に頼らない日本独自の本草学が展開していった。こうした流れのなかでとらえると、自然物に対する博物学的関心と、寒冷地における飢饉への備えという実学的な要請が結びつくかたちで、救荒書が編まれていったと理解することができる。『かてもの』に代表される優れた救荒書は、本草書のような体裁で書かれており、非常時の食料というだけでなく、日常的に食べられる山野の植物の一覧でもある。

「かてもの」の調理法　かて飯という言葉は、現在では白米を他の食材とともに炊飯した食品を指す。その意味では、先に紹介したウコギ飯は、混ぜ飯でありかて飯とは異なる。しかし、『かてもの』ではその利用法はもうすこし幅広いものであった。「かてもの」（糅物）という言葉は、主食に混ぜて食するものといった意味で用いられている。それを主食品にするためには、①かて飯（米に混ぜて炊飯して飯にする）、②粥《かゆ》（米に混ぜて湯で煮て粥にする）、③混ぜ飯（炊飯した飯や粥にあとから混ぜる）、④団子（粉にして蒸したり煮たりして団子にする）、⑤副菜（「かてもの」そのものを調製して食品にする）、⑥香煎《こうせん》（粉にして保存し湯に溶かして飲む）という、大まかに六つの調製方法が紹介されている。さらに①の炊飯には、釜《かま》で炊飯する炊き上げと、鍋《なべ》で煮て余分な糊《のり》を捨てて米を引き上げる煮上げがある。具体的には『かてもの』の食し方の例をすべて挙げることは紙幅の関係からできないので、翻刻された書籍などを参照してもらいたいが、ここでは一部の例を紹介する。

①かて飯の例

いたどり（和名：イタドリ）

くきのふとくはの大なるをどうぐひと云

能《よく》ゆびき麦か米かに炊合てかて物とす

但妊婦は食《くう》べからず

②粥の例

あさづき（和名：アサツキ）

ゆひき食ふ又かゆにまじへかてものとす

『かてもの』では、このように山野にある植物を八〇種類以上も収録し、人々にわかりやすく調理法を示している。さらに毒性のあるものには処理法や食べ合わせの禁忌、解毒法を示し、人々を飢えから救った。こうした知識の普及は、粥やかて飯に混ぜることができる「かてもの」の種類を飛躍的に増やしたことは想像に難くない。また、かて飯、粥に加え、『かてもの』では混ぜ飯や団子、香煎などの調製法についても紹介している。東北地方の庶民の主食品としてかて飯が一般的であったのは、貧しさゆえの粗食という面だけでなく、「かてもの」に対する知識と工夫として継承されてきた民俗的な背景ゆえである。

3　近代の「かてもの」再評価と普及

混食の奨励　こうした「かてもの」を使う食文化は、本節で紹介するように昭和前期にまったく異なる観点から再評価されることとなった。郷土食は、大正期の国内旅行ブームや、東北地方の観光化の過程で見出された、地方独特の食文化やレシピである。かて飯は、兵士や勤労者の食事に米が優先的に回されていくなか、国民がみずから工夫して米の消費を抑え、戦時体制へと向かう時勢における食の窮乏への対策として、奨励・普及されることとなった。

例えば岩手県庁社会課内に事務局を置いていた財団法人岩手県社会事業が、一九三六年（昭和一一）に編集発行した『岩手県栄養指導書』という文献がある。そのなかでは、主食品は基本的にかて飯を構成するように推奨しており、冒頭の「食べ物についての心得」では「一、混食が大事です。例へば主食は（お米だけでなく、雑穀や馬鈴薯其他を混ぜること）副食も一種だけでなしに肉、魚、卵、豆類、野菜、海藻、果物等種々とり合せて食べなさい」としている。そのうえで、「主食物のいろいろの作り方」という章で、推奨するかて飯の種類を挙げている（表参照）。

『岩手県栄養指導書』では、献立の組み合わせ方から、調理法、加工法、貯蔵法の具体的な手順、缶詰の使い方や自家での瓶詰の製造方法、妊婦や乳児の食事、魚介類の水揚げ時期など、多岐にわたる内容が事細かに説明されている。当時、全国的に展開されていた農山漁村の生活改善のための講習では、こうした内容に基づく指導がなされ、本書に類する指導書は各県で作成されたものと思われる。そうした講習の場で、一日に必要なカロリーの基本となる主食品として念頭に置かれていたのは、他でもないかて飯であった。

郷土食の再評価　一方、民間の知識人のあいだでも、かて飯を郷土味あふれるものとするまなざしをもって、草の根の文化復興運動につなげようとする動きがみられた。例えば、染色作家の山崎斌《やまざきあきら》が主宰した月明会《げつめいかい》は、地域の食文化を暮らしに活用するための提案を行う何冊かの出版物を編集した。

表　『岩手県栄養指導書』に見えるかて飯の種類

種　類	材料・分量(一人前)	混合率
米飯	七分搗米〔1.3 合〕	
米麦飯	七分搗米〔6.5 勺〕／つぶし麦〔6.5 勺〕	5:5
三穀飯イ	七分搗米〔6.5 勺〕／つぶし麦〔4 勺〕／稗〔2.5 勺〕	5:3:2
三穀飯ロ	七分搗米〔6.5 勺〕／つぶし麦〔5.2 勺〕／稗〔1.3 勺〕	5:3:2
稗飯イ	七分搗米〔8.8 勺〕／稗〔5 勺〕	6:4
稗飯ロ	七分搗米〔9 勺〕／稗〔4 勺〕	7:3
稗飯ハ	稗〔1.3 合〕／南瓜大切 1 個／胡麻少々／塩	
粟飯	七分搗米／粟	8:2
芋飯	七分搗米〔1 合〕／馬鈴薯または南瓜または里芋または薩摩芋または栗 2 個／塩	
豆飯	七分搗米〔1 合〕／大豆〔2 勺〕	
豆飯	七分搗米〔1 合〕／小豆またはエンドウ豆または枝豆〔3 勺〕	
大根飯	七分搗米／大根・大根菜	6:4
うるゐ飯	七分搗米〔1.3 合〕／うるい干したもの	
竹の子飯	七分搗米〔1.3 合〕／筍	
ふき飯	七分搗米〔1.3 合〕／蕗	
きのこ飯	七分搗米〔1.3 合〕／キノコ	
五目飯	七分搗米〔1 合〕／人参・牛蒡・蒟蒻・油揚・青菜を適当	
わらび飯	七分搗米／蕨と油揚	8:2
油揚飯	七分搗米／油揚	8:2
胡麻飯	七分搗米〔1.3 合〕／胡麻適当	
しそのみ／しその葉飯	七分搗米〔1.3 合〕／紫蘇適当	
くるみ飯	七分搗米〔1.3 合〕／胡桃適当	
こんぶ飯	七分搗米〔1.3 合〕／昆布適当	
ひじき飯	七分搗米〔1.3 合〕／ヒジキ適当	
いわし飯	七分搗米〔1.3 合〕／生イワシまたは塩イワシ適当	
しらす飯	七分搗米〔1.3 合〕／シラス・筍・蕗などを適当	
えび飯	七分搗米〔1.3 合〕／エビ・筍・蕗などを適当	
あさり飯	七分搗米〔1.3 合〕／剝きアサリ適当	
かき飯	七分搗米〔1.3 合〕／カキ適当	
しうり飯	七分搗米〔1.3 合〕／シュウリ貝(ムラサキイガイ)適当	
いため御飯	残飯利用／ウサギ肉または鶏肉	
雑炊	七分搗米〔1 勺〕／稗または粟または麦〔5 勺〕／大根・大根菜適当／芋・葱・イワシ	

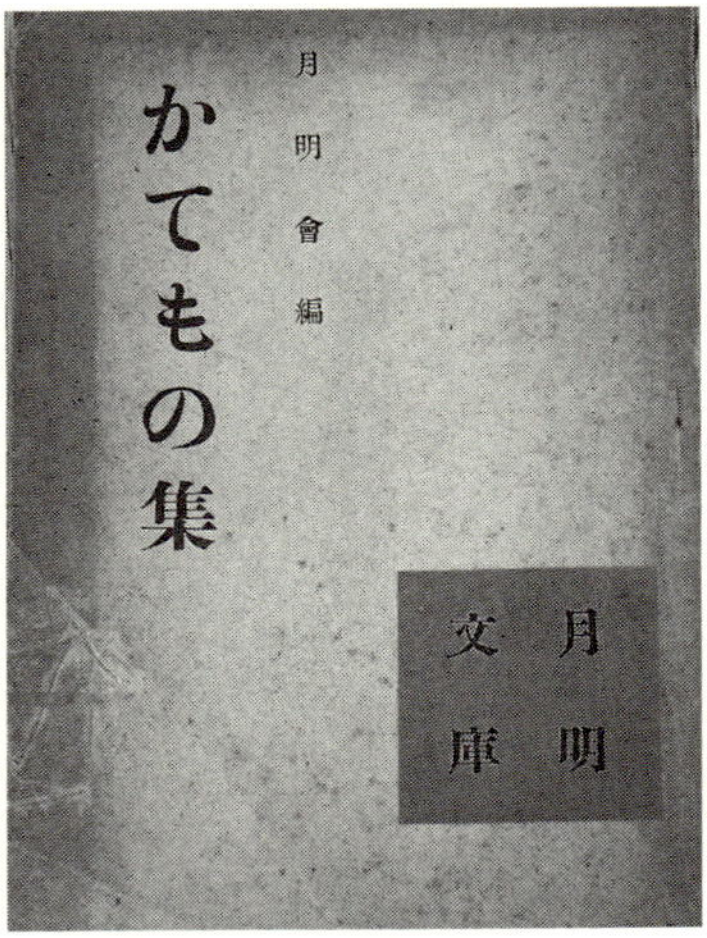

図1　月明会編『かてもの集』

月明会は、日本文化の意義を見直す目的で創刊した生活文化雑誌『月明』の出版活動を行っていたサークルであり、その精神は以下の「提唱」によって表明されている。「月の光も粗末にはしますまい。わが国のありがたい古さを新しく生かしませう。海山の間に見捨てられたものを見出して利用しませう。簡素で住みよく、着ごこちよく、また質素でおいしい食事をしませう。歌もうたひ、俳句も詠み、絵も、書も楽しんで生活をよくしませう。日本に還れ」（「月明文庫」シリーズの各巻末に掲載された「提唱」を引用）

月明会は一九四四年（昭和一九）、月明会編『かてもの集』を出版した。本書の序文は、「決戦下、いま「郷土食」かてものが採り上げられたことはよかつたとおもふ。日本も、米英と戦って見て、魂の郷土を振返つた様なものだ」とはじまる。そして「私共は茲《ここ》に言ひたい。三度三度、米を喰べなくてはならぬといふやうな考へ方は改められなければならない。また、「代用食」の呼称を絶滅せしめなければダメだ。さういふとうまいもの迄イヤになり、マヅくなります。要するに「そこにある物で、うまく喰べる仕方」が郷土食の謂《いわれ》である。即ち、父祖の食生活に顧るものである」として、雑誌を通じて集めた「かてもの」の調理例を収録した本書を編んだとしている。戦時中の郷土食の再評価には、このような位置付けが前提としてあり、当時の文脈ではそこに疑問の余地は無かった。

かて飯の多様性　『かてもの集』の構成は、「小麦粉を主としたかてもの」「薯・芋を主としたかてもの」「蕎麦粉《そばこ》を主としたかてもの」「玉蜀黍《とうもろこし》・唐黍《とうきび》を主としたかてもの」「米・米粉を主としたかてもの」「その他のかてもの」「主食にもなる汁もの」「御馳走《ごちそう》の混飯《まぜめし》」「茶粥《ちゃがゆ》その他」「節穀について」という目次である。前半はさまざまな穀物や芋類を材料とした団子や、いわゆるお焼きが、地域的な特色に留意しながら紹介され、簡単な調理法が添えられている。「主食にもなる汁もの」は、いわゆるホウトウやはっと汁、きしめんに近い「ヒモカワ」のような鍋《なべ》で調理する汁物の小麦食である。「御馳走の混飯」には、かて飯と混ぜ飯が混在して紹介されており、掲載されているのは以下の通りである。

大根飯（長野県）　大根飯（富山県富山市）　かて飯（宮城県柴田地方）　大根菜飯（千葉県印旛《いんば》地方）　甘藷《かんしょ》飯（佐賀県小城《おぎ》地方）　芋飯（宮城県仙台市）　馬鈴薯《ばれいしょ》飯（地域記載なし）　むかご飯（地域記載なし）　紫蘇《しそ》飯（地域記載なし）　南瓜《かぼちゃ》飯（長野県東埴科《はにしな》地方）　稗《ひえ》飯（青森県八戸《はちのへ》地方）　唐黍飯（熊本県阿蘇《あそ》地方）　三穀飯（熊本県）　大豆飯（千葉県印旛地方）　蕗《ふき》飯（三重県比奈知《ひなち》地方）　栗飯（兵庫県出石《いずし》地方）　ずいき飯（千葉県印旛地方）　芹《せり》飯（地域記載なし）　土筆《つくし》飯（地域記載なし）　菊飯（地域記載なし）　蓮飯（千葉県印旛地方）　くこ飯（地域記載なし）　ガザ飯（秋田県河辺地方）　ジョウボ飯（広島県）

このうち、大根菜飯、紫蘇飯、芹飯、土筆飯、蓮飯、くこ飯、ガザ（ハコネウツギの若葉）飯、ジョウボ（リョウブ科の木の若葉）飯は、炊き上げた米に、塩漬けしたり、湯がいたり、灰汁《あく》抜きしたりといった何らかの下処理をした「かてもの」を和《あ》える混ぜ飯である。また、三重県の蕗飯とは、ソラマメを入れて炊飯したかて飯を、蕗の葉で粽《ちまき》のように巻いて持ち歩く農作業の弁当である。蓮飯は、蓮の実や葉を混ぜた飯を蓮の葉に盛るもので、いわゆる「盆の蓮飯」としてこの地方の盆行事に欠かせないものであった。

『かてもの集』に収録されたかて飯は、雑誌『月明』での呼びかけによって投稿されたものをまとめたにすぎない。全国各地には、より多種多様なかて飯が存在していた。それは自然環境の特性とそれに対応する生業の特徴を反映した民俗として生まれたものもあれば、各家庭での創意工夫から広まったようなものもあろう。こうしたバリエーション豊かなかて飯についてもっとも幅広く収録したものとして『聞き書ふるさとの家庭料理2　混ぜごはん　かてめし』（農山漁村文化協会、二〇〇三年）が挙げられる。伝承料理研究家の奥村彪生《おくむらあやお》は、本書でかて飯と炊き込み飯、混ぜ飯について解説を加えるなかで、かて飯を「ケ（日常）の日の飯」、炊き込み飯と混ぜ飯を「ハレや人寄せの時につくるごはん」とおおまかに区分した。そのうえで、「三者の区分は相対的なものである。大事なことは区分より、土地土地で多様な工夫をしてごはんを大切に食べてきたその心である」と述べている。ある食品を、かて飯と見るか混ぜ飯と見るかは、「かてもの」の食材としての特性によって左右される技術的

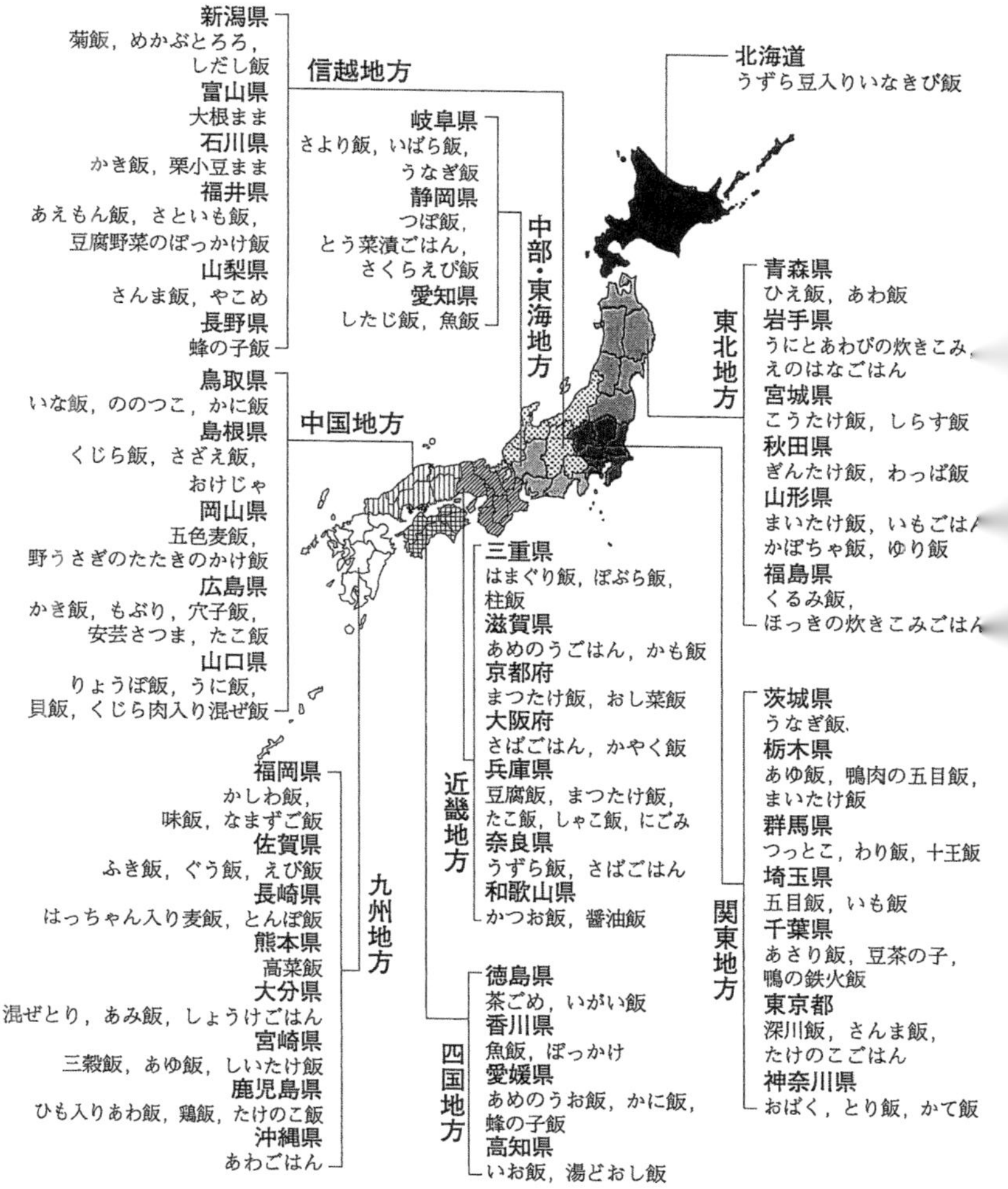

図２　全国炊きこみごはん、混ぜごはん、かてめしマップ（奥村彪生作図、農山漁村文化協会編　2003年『聞き書ふるさとの家庭料理第２巻　混ぜごはん かて飯』より転載）

な要素が大きいのであり、その区分は相対的なものにすぎないという奥村の指摘は、庶民の主食品を考える上で重要であろう。

4 生活のなかのかて飯

食習調査の実施 これまで見てきたように、かて飯は庶民生活においてもっとも基本的な主食品であったため、その土地を統治する為政者はあるときは直接的に、あるときは間接的に介入し、調理法や「かてもの」となる植物の知識を普及しようとしてきた。こうしたトップダウンの動きに対して、人々は常に農業や漁業、狩猟、採集などで獲得できる産物を、巧みに食生活に取り込み、豊かな知識と技術を育み、世代を超えて継承してきた。

そうした民間伝承を、日本列島全体を視野に入れて把握し、比較研究によって日本人の生活の歴史を明らかにしようとしていた柳田国男《やなぎたくにお》が主導して行った調査のひとつに食習調査がある。この調査は、民間伝承の会が大政翼賛会の委託を受けるかたちで、一九四一年（昭和一六）―四二年に実施された、全国規模の食文化調査プロジェクトであった。調査は、民間伝承の会が作成した『食習採集手帖』に収録された一〇〇の質問に、調査者が聞き書きデータを書き込むかたちで行われ、全国五八ヶ所で共通項目の比較研究が可能となった成果である。当時、記録に使用された『食習採集手帖』は、現在すべて成城大学民俗学研究所に保管されている。残された『食習採集手帖』は、食糧難への備えといった同時代の実学的な側面と不可分であるが、一方で柳田が主導して進めてきたいわゆる「山村調査」に使用された『郷土生活研究採集手帖』や、「海村調査」に使用された『採集手帖・沿海地方用』、『昔話採集手帖』など一連の研究活動に位置付けられるものである。食事の作法や調理法、素材の獲得、流通、禁忌、儀礼との関わりなど、生活のさまざまな側面から一〇〇もの項目を設定して行った当時の調査データは、現在から見ればふた世代以上前の暮らしの実像に迫ることができる数少ない資料である。

宮城県の事例　昭和初期における庶民はどのような主食品を作っていたか、ここでは一例として宮城県牡鹿《おしか》郡大原村前網（現石巻《いしのまき》市前網浜前網）のデータから見てみよう。この集落は、三陸海岸の南端にあたる牡鹿半島の北側（いわゆる裏浜と呼ばれる地域）の鮫浦《さめのうら》湾に面した海付きの村であり、現在は定置網やホヤ養殖を中心に東日本大震災からの復興を目指している地域である。ここでの「食習調査」を担当したのは、民俗芸能研究で知られる本田安次《ほんだやすじ》であったが、採集手帖の記述によると本田は取りまとめ役で、実際の調査は前網在住の元大原村長で漁業を営む鈴木修二が担当した。

この調査では、主食品は「昔は何かかならずカテを混ぜた」とあり、米と麦または米と稗《ひえ》の飯に、冬の半ばから春にかけてとれる海藻類や、秋にとれる大根と大根の葉を混ぜてつくるかて飯であった。この集落は漁村であるから基本的に米は町場である石巻に買いにいくものであり、買ってきた玄米を、若者が各戸をまわって精白したという。また屑米《くずまい》を使ったクダキ粥《がゆ》、小豆《あずき》や甘藷《かんしょ》、かぼちゃを混ぜた粥、そば粉を練って短冊形に切って粥に入れたハット粥が組み合わされる。うどんや素麺《そうめん》はハレの食事で、普段はむしろ食べないものであったらしい。麦や豆の粉を炒った香煎《こうせん》は、おやつとして身近なものであり、行事のたびに種々の餅をついた。これが、昭和一〇年代以前のこの集落の米やその他の穀物、豆・芋の使い方の基本的な部分であり、細かい部分や組み合わせ方は家ごとの違いがあったであろう。データのなかには、当時海藻の栄養価が認められて需要が高まって値が上がったために、海藻のかて飯を食べなくなったとある。また雑穀も手に入りにくくなったので、かえって白米の飯が多くなっているという。この調査の前年の一九四一年（昭和一六）に、米の配給制度が始まっており、複雑な社会情勢や経済状況からのさまざまな影響が、家庭の主食品に及んでいたことがうかがわれよう。

カテキリの道具　ところで、かて飯に使用する民具には、釜《かま》や鍋《なべ》、杓子《しゃくし》といった炊事用具のほか、「かてもの」を刻む道具が必要であった。ほとんどの場合、俎板《まないた》と包丁《ほうちょう》で事足りるのであるが、宮城県を中心に岩手県、福島県、山形県には、大根飯を作るために大根を効率良く賽《さい》の目に切るためだけに用いるカテキリという民具がある。地域の民俗資料館の台所の展示にひっそりと置かれ、「米が十分にない時代に米に混ぜる大根を刻むために用いられた」といった貧しい暮らしを象徴するものとなるような解説を目にすることがある。

しかし、このカテキリをよく観察してみると、実に効率良く大根を賽の目に切ることができる優れものである。その仕組みは、大根の断面に何本もの切り目を縦・横に入れ、それを輪切りにするという凝った作りであり、なかにはその仕組みを独自に考案したことを主張する特許の焼印が押されているものもある。つまり、カテキリは当時最新の器具であり、おそらく安価な道具ではないと見るのが自然である。またわざわざこうした道具を揃えるのは、大根刻みを効率化しなければならないほど大量の大根飯を日常的に作るような家か、よほどの新しい物好きの主人がいる家であろう。

図3　カテキリ（東北歴史博物館所蔵）

前述の『かてもの集』には、片倉信光《かたくらのぶみつ》が寄せた文章がある。片倉は、仙台藩家老を務めた片倉氏の第一五代当主であり、本書刊行時は、青葉神社の宮司をしつつ仙台市の斎藤報恩博物館に勤務していた知識人である。片倉は、白石（現宮城県白石市）の事例を挙げながら「昔とは大分変って来た経済関係で明治三〇年前後は農家も大変経済的に苦しんだので、手間取りの作男を使ふ農家では如何にして少ない飯を食はせて多く働かせるか苦心してかてめしを作った。かてきりは此の様な時代の要求にもとづいて生れ上下する取手は作男の代用飯を作り出す様になったものである」

（月明会編　一九四四）との見解を示している。テマドリというのは、この地域では住み込みで農作業などに従事するために雇った労働力であり、カテキリは彼らの食事を賄うために使用されたというのである。カテキリには明治以降、たびたび凶作に見舞われてきた農村の疲弊がうかがわれる一方で、多くの労働力を家内に抱える東北の農家の性格も透けて見える。

5　庶民の暮らしにおける白粥と茶粥

粥の歴史　粥《かゆ》には、白米と水で煮る白粥《しらかゆ》と、番茶を煮出しながら米を煮る茶粥《ちゃがゆ》とがある。前者は雅び、後者は野趣といったイメージもつきまとう。それは、白粥が公家の文化のなかで成熟し、のちに武家や庶民の食事として普及した歴史と関係している。言葉の来歴は、以下のように変化してきた。もともと米の調製方法は、甑《こしき》で蒸す強飯《こわいい》、鍋《なべ》で煮る姫飯《ひめいい》に大別され、後者はいわゆる煮上げ法によるものであった。この姫飯という言葉が普及する以前は、煮上げの飯を粥、今日の粥に相当するものを湯と呼んだといわれている。その後、湯がたんに白湯《さゆ》を指すようになると、かつての粥は煮る程度によって、かたければ堅粥《かたかゆ》（姫飯）、やわらかければ汁粥《しるかゆ》と呼び分けられるようになった。

京都の笑い話に、「朝早く比叡山《ひえいざん》に登って市中を見渡すと京都じゅうの人々が粥をすする音が響いている」というものがある。朝粥という言葉も定着しているように、一日のスタートを白粥で始める習慣が定着していたのである。さらに、京都ではドロドロに溶けたような粥ではなく、サラッとかための粥が好まれたため、あらかじめ米を炒ってから煮るといった工夫もあった。粥は決して手抜き料理ではなかった。汁粥は、米を節約するだけでなく胃腸への負担も少ない反面、腹持ちの悪い食事であった。そのため残しておいた粥を一日何回も食べる必要があった。

大正から昭和初期、生活改善運動や農山漁村経済更生運動といった庶民生活を近代化するための事業が、国家をあげて進められた。そこでは、庶民の台所の衛生や効率性、栄養バランスに対する知識の普及、非合理的とされる慣習の排除（贈答や宴席の質素化や迷信の否定など）などが課題となった。なかでも、毎日の食事の基本をなす米飯の調製や管理は、改良竈《かいりょうかまど》の普及とともに重点的な課題であったが、主食品の指導においては粥よりもかて飯が強く推奨されたことは、前掲の『岩手県栄養指導書』の例を見ても明らかであろう。粥の最大の問題は、常温で放置すると雑菌が繁殖し、腐敗しやすい点にあった。庶民の食べる粥は一日に何度も食べるために作り置きすることが当たり前であったから、衛生面では粥の作り置きが問題であった。またカロリーの確保の面からも、カロリーを充足できない食品と見なされた。

一方、粥は胃腸への負担をかけない点から、近代においては病院食として早くから取り入れられた。冷めると糊《のり》のようになってしまって、病院食の粥はまずいというイメージが定着しているが、近年は調理済みの食品を急速冷凍して保管し、配膳の際に解凍して患者に供するクックチル方式など、病院食の質的向上を目指した新技術の導入が図られている。

糊の利用　ところで、粥を煮詰めていくと米糊《こめのり》となる。これは江戸時代以降モノづくりや日常の障子《しょうじ》の張り替えなど、さまざまな目的で使用されてきた。例えば、染色品や鯉幟《こいのぼり》、大漁旗などの製作工程で防染に用いる糊は米糊であったし、張子《はりこ》の人形や面の和紙を貼り固めるのにも米糊が用いられた。より強い接着力を求める場合は、飯を押しつぶして続飯《そくい》（「そっくい」とも）とし、木工品などの接着剤として膠《にかわ》とともに使い分けられてきた。

茶粥　一方、関西地域から中国・四国・九州地方にかけて、農山漁村の人々の主食品の代表的なものは茶粥であった。一般には、少量の米を煮てのばすため腹持ちが悪く、多い地域では仕事の合間に一日五回も食べられた。通常の朝飯、昼飯、晩飯に加え、ケンズイ（間水）を加えて一日四回、さらに藁草履《わらぞうり》作りや縄綯《なわな》いなどの夜なべ仕事があるときなどにとるヤショク（夜食）を加えて一日五回の食事をとるのである。紀伊《きい》半島の熊野地域では、サツマイモを入れる芋茶粥、豆を入れる豆茶粥、麦を入れる麦茶粥、粟《あわ》を入れた粟茶粥などがあり、和歌山平野でも、芋茶粥や、餅を入れる餅茶粥などは、ごく最近まで一般的に食されてきた。現在でも、主食は茶粥という人も高齢者を中心に少なからずおり、夏には流水で冷やした冷やし茶粥が楽しまれている。また、冷や飯に茶粥をかける入れ粥という食べ方もあった。茶粥の煮方には家それぞれの流儀があり、来客が来た時に茶粥を炊き、家庭の味でもてなすといったこともしばしばであったという。

和歌山県は茶粥どころとして知られているが、紀州の茶粥の作り方にはいくつかのバリエーションがある。

① 番茶を茶袋に入れて水から沸かし、煮出し切る。そこに白米を入れると同時に茶袋は鍋から取り出す。

② まず鍋で湯を沸かし、湯が沸いてから番茶を入れた茶袋を入れ、少ししたら研がない白米を入れ、茶袋は炊き上がりまで取り出さない。

図4　カマドで茶粥を煮る（和歌山県有田川町、1999年撮影）

③ まず鍋で湯を沸かし、湯が沸いてから番茶を入れた茶袋を入れ、茶袋を取り出さずにいったん冷ます。冷めたら茶袋を取り出し、白米を入れて、再び沸かして粥とする。

こうしたいくつかの流儀に、塩味をつける家とつけない家という違いも加わる。また白米を研がずに入れる家と、研いで入れる家、洗う程度にする家など、鍋に入れる前の白米の扱いにもこだわりがある。粘りが出ないように、サラッと仕上げてかための粥とするのが好きな人が多いが、米を咲かせて（粒を弾けさせるまで煮て）粘り気を出す方が好きな人もいる。また、ハブ茶や、ヤナギの葉を用いた柳茶を混ぜるという例もあり、同じハブ茶でも、番茶で煮た茶粥に粉にしたハブ茶の葉をかけるのを好む人もいる。ジュウヤク、いわゆるドクダミを少量茶袋に混ぜる例、カネヤと呼ぶ茅《かや》の葉を炒ったものを混ぜる例などもある。食文化は、個人や家族の嗜好が直接反映されるので、地域性のなかに複雑な多様性が生まれるものである。

　こうした白米のみで作る茶粥は、歴史的にはあまり古くない。農山漁村ではその時期ごとに収穫、入手できる穀物や芋などを茶粥に混ぜたり、餅を入れてよりおいしく食べたりといった、「かてもの」を混ぜるのが常であったからである。例えば、高野山《こうやさん》周辺地域の山村での調査では、この地域で一般にオカイサンと呼ぶ茶粥に入れた「かてもの」には、大麦のビシャギ（押し麦）、はったい粉、蕎《そ》麦《ば》の実、蕎麦粉、ソバガキ（団子）、サツマイモ、ニドイモ（在来種の馬鈴薯《ばれいしょ》）、餅、ヨマシ（精麦した大麦を釜《かま》で茹でて干したもの）、ボロ餅（蒸した粳米《うるちまい》と糯米《もちごめ》を半々で混ぜて搗《つ》いた餅）などがあった。また、第二次世界大戦末期には、学校の校庭で作ったジャガイモも茶粥に入れたが、これは全くおいしくなかったと語り草になっている。

　このように、庶民の食する茶粥は白米のみで煮るというよりは、「かてもの」を混ぜてつくる、いわば「かて粥」という状態がむしろ一般的だったのである。

6　現代の粥とかて飯

文化資源としての活用　粥とかて飯に着目すると、日本の農山漁村に生きるふつうの人々が、いかに限られた食糧で主食品をまかなってきたかを知ることができる。粥とかて飯の多様性は、季節ごとに異なるさまざまな食材をもとに、主食品を作り出そうとしてきたことの結果である。それを、炊飯という調製法をとればかて飯や混ぜ飯となり、煮立たせれば粥となる。粥もかて飯と同様に「かてもの」を入れて煮るため、いわば「かて粥」のようなものが日常的に作られてきたといえる。

それでは、銀飯一辺倒の現代にあって、かて飯、混ぜ飯、「かて粥」は過去のものとなったかというと、そうともいえなさそうである。例えば、いくつかの地域では、かて飯や茶粥は名物化して観光資源として商品化されたり、交流を生み出す食の文化資源として活用されたりする動きが見られる。

かて飯は、埼玉県秩父《ちちぶ》地域の郷土食として、旅館や飲食店で提供されている。もともとこの地方のかて飯は、五目飯のような色とりどりの野菜や山菜、芋などをふんだんに入れて炊き上げたもので、節供や盆の行事での振る舞いに用いられるハレの食事であった。東京都八王子《はちおうじ》のかて飯も、これに類するものである。大阪では、うす味の出汁《だし》で食べる柔らかいうどんとかやくご飯がセットになっている。福岡の博多うどんも、柔らかいうどんとともに、鶏肉の炊き込み飯で作ったかしわにぎりを楽し

図5　土佐のカツオ飯

む。これらは都市や港湾の労働者が、手軽に食事をとれることから定着したものといわれている。沖縄のジューシーは、ラードなども入って濃い味付けであり、ヨモギ入りのフーチバージューシー、イカ墨入りのクリジューシーなど、種類も豊富である。魚介類を米とともに炊き上げる飯としては、岡山県の干拓地の食事が郷土食となった鮒飯《ふなめし》、鳥取県のイガイ飯、兵庫県の明石や瀬戸内のタコ飯、シャコ海老を入れて炊く東京の品川飯、高知県の室戸のカツオ飯など、これも各地の名物となっている。これらは食材をおいしく食べてもらうための料理であり、家庭でも手軽につくれるように「○○飯の素」といったみやげ物の商品化も盛んである。こうした名物となったかて飯には、かつての庶民の日常食が、郷土らしさを感じるもの、素朴な田舎の粗食として名物化したものもあれば、元来ハレの日の共食のために作られてきた混ぜ飯もある。

　現代の食文化における健康志向は、後世の人々から見ればひとつのブームといえるほどの社会現象であろう。一九九〇年代以降、ある種のブームを伴って普及した自然食、有機農業、スローフードといった運動、それを取り入れて事業化する地域おこしや第一次産業の転換、食育や環境教育などに見られるように、健康志向はビジネスの面だけでなく文化の面においても大きな社会的インパクトを与えた。そうしたなかで五穀米や雑穀米といったかて飯が健康食として見直され、押し麦、アワ、キビといった馴染み深いものから、エン麦（オーツ麦）、韃靼《だったん》そば、アマランサス、キヌアといった、近年知られるようになったものまで、さまざまな雑穀が量販店の店頭を賑わせている。

一方、粥の現代的な展開は、前述のような病院食だけではない。茶粥といえば「大和《やまと》の茶粥《ちゃがゆ》」が有名だが、山口県柳井《やない》市周辺では、茶粥にサツマイモを混ぜて鑵子《かんす》（銅合金でできた茶釜《ちゃがま》）で煮た芋粥が名物となっている。紀州《きしゅう》の茶粥は、ホテルや宿坊の朝食などに出され、旅先で味わう家庭の味として人気がある。佐賀県では「おちゃがい」として親しまれてきた茶粥が、県内の旅館組合青年部加盟の旅館ホテルで朝食として供され、郷土食としての普及が図られている。山口県の周防大島《すおうおおしま》では、体験型観光のひとつとして茶粥作りが企画されている。

混ぜる食品の文化　現代は、地域の歴史や生活の諸要素が文化資源として再発見され、観光や地域活性化に活用されていく時代である。こうしたなか、粥とかて飯は、多くの食材を取りまぜてひとつの食品にすることができるという特徴をもっており、加えてひとつの鍋《なべ》や釜で作ったものを共食する（シェアする）というものである。粥とかて飯が、交流やもてなし、コミュニケーションと強く結び付く理由は、そうした背景があるととらえることもできよう。

参考文献

味の素食の文化センター　二〇一六年『和食文化の保護・継承に貢献する研究支援事業報告書』
石毛直道　一九七九年『食いしん坊の民族学』平凡社
岩手県社会事業協会編　一九三六年『岩手県栄養指導書』
加藤幸治　二〇一四年「茶粥考―主食品をめぐる食事文化のローカリティ―」『歴史と文化』五二号
近世歴史資料研究会編訳　二〇〇八年『近世歴史資料集成第五期　救荒2』科学書院
月明会編　一九四四年『かてもの集』月明会出版部
篠田　統　一九七〇年『米の文化史』社会思想社
成城大学民俗学研究所編　一九九〇年『日本の食文化―昭和初期・全国食事習俗の記録―』岩崎美術社
関野吉晴・賀曽利隆　一九八一年『シリーズ食文化の発見　世界編2　キャッサバ文化と粉粥餅文化』柴田書店
農山漁村文化協会編　二〇〇三年『聞き書ふるさとの家庭料理第2巻　混ぜごはん　かてめし』

おにぎりとすし――成形の工夫――

石川尚子

1　ハレ食から日常の食卓への進出

おにぎり・すしを食べる時　日本人の誰にたずねても「おにぎり」に思い出をもたぬ人はいないだろう。草川俊は著書『日本飲食考《おんじきこう》』で引揚船《ひきあげせん》のなかで食べた握り飯のことを（草川　一九八〇）、国民学校六年生だった松尾文夫は一九四五年（昭和二〇）七月の空襲で命拾いをした翌日に炊き出しの「真ん丸い白い大きなおにぎり」をもらったこと、東日本大震災の避難所で七〇年前と同じ「真ん丸い白い大きなおにぎり」が配られるのをみたことを（松尾　二〇一五）それぞれ書いている。遠足や花見などでは海苔《のり》巻きおにぎり、野良仕事や山仕事では大きな塩むすび、学校帰りの腹ペコにはおばあちゃんの焼きおにぎり、震災や火事見舞いの炊き出しおにぎり、建前や葬式などの特別な日にもおにぎりが振る舞われた。すしもまた、各家庭・各地の行事にさまざまな形でかかわっている。稲作伝来以来、主食の米をいかにおいしく、食べやすく、持ち運びしやすく、その場にあった食べ方ができ、保存性をもたせるかは重要な課題になったことであろう。おにぎりは日常食の延長線上として、すしは手間暇をかける特別な食べ物として、別々に発展してきたが、古代のすしは別として両者には成形するという共通点がある。

ハレ食の日常食化　おにぎりとすしは食育の恰好のテーマらしく、それぞれを題材とした絵本や紙芝居、子ども向け図書の出版も多い。昔話の「おむすびころりん」「さるかにがっせん」などではおにぎりが重要な役割を果たしている。また、二〇一五年（平成二七）に出版された児童書『すしから見る日本』（川澄健監修、文研出版）は「日本全国さまざまなすし」「すしダネのいろいろ」「すしを支える伝統の技」「進化するSUSHI」「すしにかかわる仕事人」の五巻構成となっていて、子どもたちにすし食文化を伝えようとさまざまな内容を盛り込んでいる。学校教育の面では、小学校五・六年生の家庭科教科書（開隆堂出版）に「ご飯をたいておにぎりをつくろう」というコーナーがあり、「中に入れるものや、おにぎりをくるむものなどをくふうしてみよう」と、おにぎりのつくりかたを写真で示し、災害時のたき出しという防災コラムまで設けている。外食の例として、『都道府県の特産品』（都道府県の特産品編集室編、理論社、二〇一七年）から駅弁を抽出してみると、一〇〇年以上のロングセラーとして、神奈川「小鯵押寿司《こあじおしずし》」、富山「ますのすし」、愛知「稲荷《いなり》寿し」が選ばれている。また、おみやげにしたい全国の駅弁として、栃木「日光鱒《ます》寿し」、奈良「柿の葉寿しミックス」、鳥取「元祖かに寿し」、山口「ふく寿司」などが取り上げられており、全体のなかではすし駅弁が抜きん出て多い。おにぎりでは、宮城「独眼竜正宗《どくがんりゆうまさむね》弁当」、神奈川「シウマイ弁当」、京都「竹籠《たけかご》弁当」、大阪「八角弁当」などに「おにぎり」が納められていた。おにぎりにも、すしにも、長年にわたって培われた歴史はあるけれど、日常の食卓にはあまり出なかった「おにぎりとすし」が、今日ライフスタイルの変化および流通機構・生産技術の大変革によって日常的に食べられるようになってきている。ハレ食の日常食化は猛烈な勢いで進んでいるといえよう。

ここではおにぎりとすしがいかに生まれ、いかに変容してきたのか、どのように調理され、食べられてきたのか、地域的な特徴はあるのか、民俗行事とのかかわりはあるのかなどを、歴史的な変遷や人とのかかわりを視野に入れながら、食文化の視点から概観する。

2 おにぎり

おにぎりの呼称と成形の工夫　本山荻舟《もとやまてきしゆう》著『飲食事典』の「握り飯」の項には「昔「屯食《とんじき》」とよばれたものの一種であること、ムスビというものはもと女房コトバであること、京阪では俵形で黒ゴマをまぶし、江戸では円形ないし三角形につくり、ゴマを用いることは稀であったこと、梅干しを包んで焼いたものは旅行用として重宝されたこと、江戸時代の劇場では専ら中食《ちゅうじき》に用いられ「幕の内」としてその名が伝わったこと、握り飯とともに「幕の内」には、コンニャク、焼豆腐、イモの煮しめ、カマボコ、玉子などが入っていること」などが記されている（本山　一九五八）。江戸末期の三都（京都・大坂・江戸）の風俗事物を解説した『守貞謾稿《もりさだまんこう》』（一八五三年〈嘉永六〉成立）の「食類」には食器、食材・料理に関する詳細な記述があるが、「握飯」の内容は『飲食事典』とほぼ同じであり、本山は『守貞謾稿』を参照して『飲食事典』を書いたと思われる。呼称についてみると「おにぎり」は握るという動作から来たらしく、八世紀前半の『常陸国風土記《ひたちのくにふどき》』には「握飯《にぎりいい》」があり、「おむすび」は『古事記』に登場する「神産巣日神《かみむすびのかみ》」が語源らしい。おにぎりの呼称に関しては、田村真八郎の「おにぎりとおむすび」の呼び方に関するアンケート結果を次に引用する（田村　一九八二）。

日本全体では「おにぎり」の呼称が一般的だが、従来いわれてきたように「おにぎり」系は東日本に、「おむすび」系は西日本に多く分布している。アンケート回答者の「昔はオムスビが多かった」「老人はオムスビが多い」などの自由記述から、田村は「おむすび」の方が「おにぎり」より古い呼び方なのではないかと述べている。小田きく子が二〇〇三年（平成一五）に行った調査（小田　二〇〇六）では圧倒的に「おにぎり」が多く、小田は「今後はおにぎりの呼び方で全国的に統一されるのではないか」と推察している。日本各地には「にぎりめし」「にぎりまま」「にぎり」「むすび」「おつくね」「やきめし」「だま」「おにんこ」「にんにこ」「鬼飯」「おもすび」などと呼ぶ例もあるが、ここで

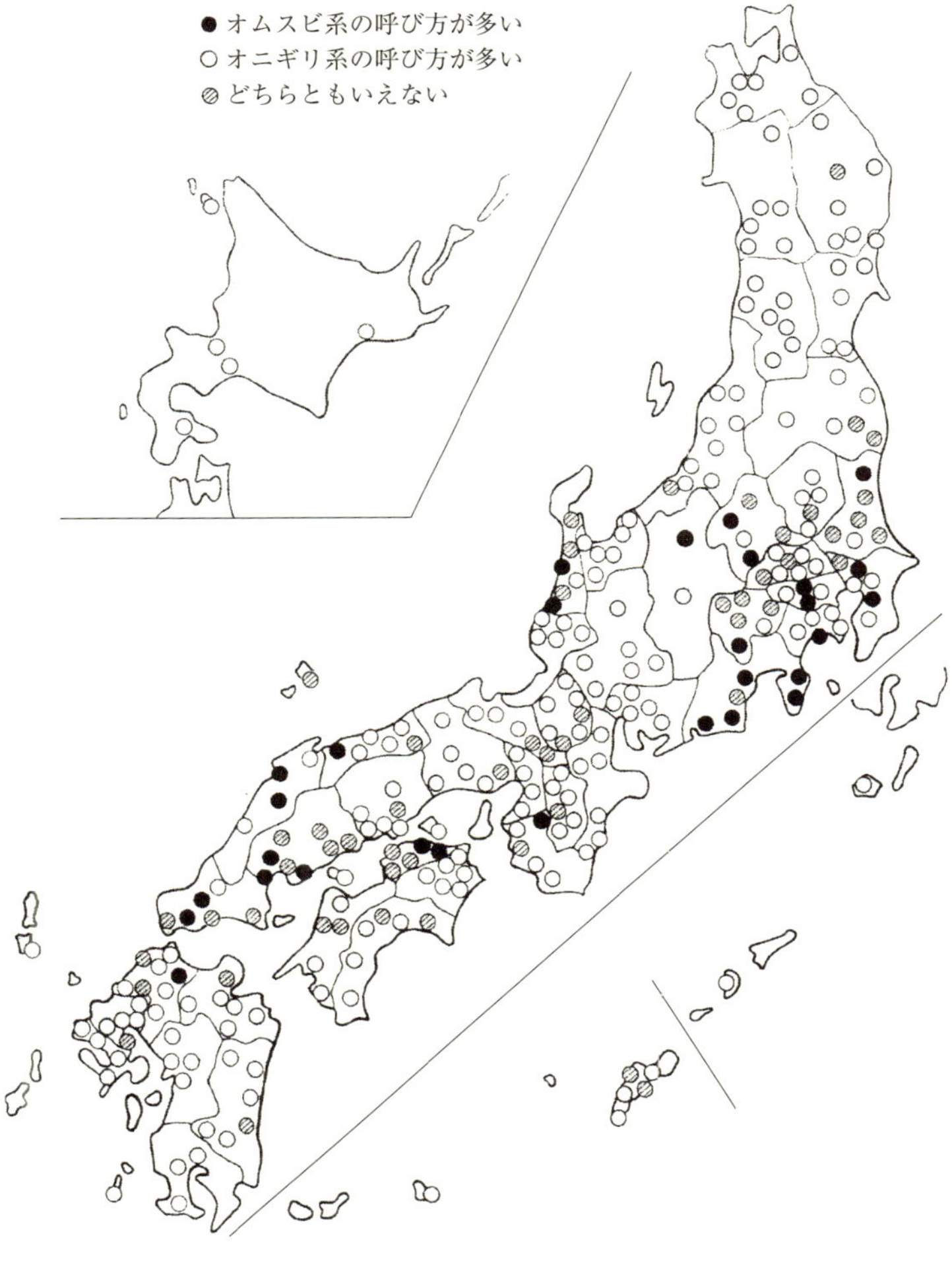

図1 「オニギリ・オムスビ」の呼び方の分布(田村真八郎　1981年「続々おにぎり・おむすび考」〈『食糧管理月報』33巻10号〉より転載)

図２　教科書のなかのおにぎり（『小学校わたしたちの家庭科５・６』〈平成26年、開隆堂出版〉より転載）

は「おにぎり」を用いる。

握る形の地域差をみてみると、丸いボール形（手まり型、球形）や太鼓型（円盤型、円形）は東日本や山間部に多く、関西や西日本では、筒型、俵型が多いといわれていたが、小田の調査では三角形がもっとも多く（七〇・八％）、ついで俵型（一一・七％）、円形（一〇・四％）、球形（六・七％）と続いている。地域的には俵型は近畿地方に多いようだが、地域差は少なくなりつつあり、三角形に統一されていく傾向がみられる。商品としてのおにぎりは三角形が適しているようで、「作るおにぎり」から「買うおにぎり」へのシフトが、地域差解消要因のひとつではないかと考えられる。

先に紹介した小学校家庭科教科書のおにぎり写真には、三角形の「ごま塩をまぶしたおにぎり」「みそをつけて焼くおにぎり」「のりで巻くおにぎり」および俵型の「ゆかりをまぜてのりで巻くおにぎり」「さけと青のりをまぜるおにぎり」の五種が紹介されているが、まさに、おにぎり全国平均値の組合せといえそうである。

近年、成形を要しない「おにぎらず」が話題となっている。おにぎりは、ＴＰＯによって外形も中身も使い分けられる不思議な食べ物であるが、米の何にでも合う包容性がその理由ではないだろうか。米の種類は大きくインディカ種（インド型）とジャポニカ種（日本型）に分けられるが、握るのに適しているのは粘りの強いジャポニカ種である。米を飯にする技術を体得すると「まとめる」「包む」「握る」「結ぶ」という成形の工夫がはじまり、「握る」なかで大きさや形が自然と決まっていったのであろう。味のない飯には塩分補給が必要となり、①梅干し・サケなど飯のなかに味のある具を入れる、②塩・味噌《みそ》・醤油《しょうゆ》など飯の外側に塩味のあるものをつける、③味付けごはん・まぜごはんのように飯全体に味をつけるといった工夫がなされて、「おにぎり」はいっそう多彩になっていった。

おにぎりの歴史　石川県杉谷チャノバタケ遺跡から一九八七年（昭和六二）に発見された炭化米の塊は今から約二〇〇〇年前の弥生時代中期末のもので、一辺が八チセンの細長い二等辺三角形をしている。この炭化米の塊は、糯米《もちごめ》が用いられており、おそらく蒸された後、焼かれたものとされる（佐藤敏也一九九五）。また、千葉県常代《とこしろ》遺跡からも、円筒形の特徴的な形を残した炭化米が出土している（大谷二〇〇二）。これらが日本最古のおにぎりかどうかは不明だが、飯（米）の先を尖らせた形状は、氏神の祭りの時の供物《くもつ》として伝えられている「ごっくうさん」（佐賀県多久市）や「スモウの餅」（奈良市奈良坂町）などと呼ばれる米を円錐形にかためたものを想起させる。柳田国男《やなぎたくにお》の「上の尖った三角形がいつも人生の大事を表徴している」「先端が尖っているものは神様の依《よ》り代《しろ》」（柳田　一九四〇）との考え方は、「ごっくうさん」や「スモウの餅」と相通じるものがあるのではないだろうか。

図4　佐賀県多久市の「ごっくうさん」（多久市教育委員会提供）　南多久町桐野地区で開催される社日祭り（春社）で弁財天へ供えられる。

図3　石川県杉谷チャノバタケ遺跡出土のおにぎり状炭化米（石川県埋蔵文化財センター提供）

図5　奈良市の「スモウの餅」

石川県白江梯川《しらえかけはしがわ》遺跡の炭化米の塊や横浜市「北川表の上」の住居跡遺跡の炭化米の塊（横浜市歴史博物館編　二〇一四）など、その後も続々と遺跡からおにぎりらしきものが発見されている。一方、古代の文字資料にもさまざまなおにぎり状の食べ物が登場する。『常陸国風土記』には「握飯」、『源氏物語』の桐壺《きりつぼ》の巻には「とむじき」が出てくる。屯食は強飯《こわいい》を卵形に握り固めたもので、何かの行事の際、身分の低い者に弁当として配られたらしいから、握り飯であったと推測されている。武士の世となった中世には、兵糧《ひょうろう》としての梅干し入りおにぎりが登場してくる。また、富山県小出《こいで》城跡出土の炭化米の塊や新潟県鮫ヶ尾《さめがお》城跡出土の玄米炭化おにぎりのように、兵糧とおぼしきおにぎりが古戦場跡から発見されている（横浜市歴史博物館編　二〇一四）。合戦続きの不安定な時代が過ぎ、泰平の世が二八〇年近く続いた江戸時代は、街道や海路などの交通網が整備され、人や物の往来が活発になった。また、生産力や経済活動も向上して、おにぎりの役割も多様化していく。おにぎりに板状の海苔《のり》が使用されるのは元禄ごろだが、当時の海苔は貴重品だったから、一般庶民が「海苔巻おにぎり」を食べられるようになるのは、まだまだのちのことである。江戸時代のおにぎりの記述は、記録、日記、文学などの文献に数多く残されており、絵本・図絵・屏風などの絵画資料にも描かれている。そのいくつかを紹介しよう。室町時代の『酒飯論絵巻《しゅはんろんえまき》』にはおにぎりらしきものを握る男性がいるし、『東海道五十三次細見図会《さいけんずえ》』「藤沢平塚江三里半」や『江戸名所図会』巻之二「金沢文庫《かねさわぶんこ》址《あと》の御所ヶ谷《ごしょやつ》」には、旅先や田畑でおにぎりを食べる人たちがいて、おにぎりの形や大きさまでが鮮明に描かれている。

図6　田畑でおにぎりを食べる人々（部分、『江戸名所図会』「金沢文庫址の御所ヶ谷」より）

一八八五年（明治一八）、上野からの鉄道が開通すると、宇都宮駅において「胡麻《ごま》をふりかけた梅干入りの握り飯が二個、これに香《こう》の物《もの》の沢庵《たくあん》を添えて、竹の皮で包んだだけのもの。価は五銭」（草川　一九八〇）という駅弁が売り出された。これが駅弁第一号とされている。また、兵食としてのおにぎりは近代の軍隊にも引き継がれ、陸軍では麦飯を一合ずつおにぎりにして一食あたり二個ずつ携行させたという。一八八九年、山形県鶴岡町（現鶴岡市）の私立忠愛小学校で給食がはじまった。献立は「おにぎり、焼き魚、漬け物」で、当時の昼食としては豪華である。戦中の一九四二年、食糧管理法が制定され、食料の国家統制が厳しくなっていくと、米をはじめあらゆる食料が配給制となり、庶民の食生活は逼迫した。雑炊、粥《かゆ》、かて飯、イモなどが主食となり、銀シャリで握るおにぎりは贅沢品であった。戦中ならびに戦後しばらくは「たけのこ生活」と呼ばれる食料難が続いたが、高度経済成長期に入ると、食の社会化、流通機構の変革、外食産業の隆盛などによって、おにぎりも大きく変化する。先述した「買うおにぎり」の時代がはじまったのである。以上、簡単に振り返れば、「宗教的・儀式的な食べ物だったおにぎりが武士たちの戦闘食となり、やがて便利な携帯食・簡易食として大衆化して」（増渕 二〇一七）いったのである。

日本各地のおにぎり文化　数種の文献を参考に、日本各地の郷土おにぎりを抽出して表1に示した。これら各地の郷土おにぎりを概観すると、おにぎり変化の方向軸は、保存性を高めること、味覚を向上させること、地域独特の食材を活用することにあったように思われる。かくして地域の名物名産を取り入れたおにぎりは「ふるさとの味」として定着、あるいは、口コミ・マスコミによって全国版になっていく。表1は各都道府県すべてのおにぎりを網羅したものではないが、ここからみえる日本各地のおにぎりの特徴を拾い出してみよう。

①他地区と比べて特徴的なおにぎりは、秋田「いぶりがっこおにぎり」、山形「弁慶飯おにぎり」、栃木「かんぴょうおにぎり」、長野「野沢菜のおにぎり」、富山「とろろ昆布おにぎり」、福岡「からし明太子おにぎり」のように地域特産物を具材としているものが多い。②和歌山「梅干しおにぎり」、千葉や高知の「おかかおにぎり」のように、日本全国で作られるシンプルなおにぎりも地域代表の仲間入りをしているが、これらは具材が地域のブランドとして名高いからであろう。③静岡「染飯《そめいい》おにぎり」、広島「さんばい」のように、歴史的・民俗的背景のあるおにぎりが地域代表のおにぎりに含まれている。④地域特産の農水産物、その加工品、大豆製品などのおにぎり、炊き込み飯のおにぎり、味噌・醤油などの調味料を用いたおにぎりなど、日常食の延長線上にあるおにぎりも多く取り上げられている。⑤数は少ないが宮崎「肉巻きおにぎり」、長崎「豚角煮のおにぎり」、鹿児島「豚味噌のお

表1　日本各地のおにぎり

地域	おにぎりの名称
北海道	鮭山漬けおにぎり　鮭のおにぎり　千島のりのおむすび
青森	南蛮味噌おにぎり　シジミのおにぎり　菊かおり(菊めし)
岩手	塩うにおにぎり　すじこのおにぎり　へっこ(ヒエ)めしのにぎりめし
宮城	はらこめしおにぎり　くるみ入り柿の葉おにぎり　しそワカメ入りおにぎり
秋田	いぶりがっこおにぎり　ぼたっこのだまっこ　焼きおにぎり
山形	弁慶飯おにぎり　おみ漬けのおにぎり　庄内の焼きめし
福島	ほっき飯おにぎり　いかにんじんのおにぎり　五目笹巻き
神奈川	釜あげしらすおにぎり　さくらおにぎり　鶏めしおにぎり
千葉	おかかおにぎり　アサリのつくだ煮おにぎり　しょうゆ飯のむすび
東京	アサリの佃煮おにぎり　煮穴子のおにぎり　島のむすび
栃木	かんぴょうおにぎり　たまり漬けのおにぎり　落人の里の焼きめし
埼玉	つとっこおにぎり　サツマイモごはんのおにぎり
茨城	栗五目おにぎり　そぼろ納豆のおにぎり　焼き餅
群馬	梅おにぎり　ネギ味噌のおにぎり　きび赤飯おにぎり　おこじはんのむすび
山梨	むかごおにぎり　麦飯のおにぎり　百万遍　桑の葉のむすび
静岡	染飯おにぎり　サクラエビのおにぎり　岩ノリむすび　茶飯のむすび
愛知	天むすおにぎり　合戦むすび
長野	きなこおにぎり　野沢菜のおにぎり　こひる(小昼)のむすび
新潟	けんさん焼きおにぎり　みそ焼きにぎり　ちまき
富山	とろろ昆布おにぎり　大きなホオバまま　朴葉めし
石川	古代米おにぎり　ゴリのつくだ煮のおにぎり　たきだしのおにぎり
三重	蛤のしぐれ煮おにぎり　牛肉の時雨煮おにぎり　しぐれむすび
福井	へしこおにぎり　塩焼きむすび　朴葉飯
岐阜	朴葉味噌おにぎり　鮎のおにぎり　アブラエのにぎりめし　畑芋もち
滋賀	ゴリおにぎり　エビ豆のおにぎり　東南寺のにぎり
京都	ちりめん山椒おにぎり　しば漬けのおにぎり　花菜むすび
大阪	かやくごはんおにぎり　昆布のおにぎり　たわらむすび
兵庫	明石だこおにぎり　いかなごのくぎ煮おにぎり　黒豆ごはんのおにぎり
奈良	蕗(ふき)俵おにぎり　奈良漬けのおにぎり
和歌山	めはり寿司おにぎり　梅干しのおにぎり　紀州のめはり
鳥取	大山おこわおにぎり　赤貝めしの焼きおにぎり　いただき
島根	板ワカメおにぎり　メノハむすび　まぶり飯のむすび
岡山	蒜山おこわおにぎり　サワラのおにぎり　ナラチャメシのにぎり
広島	広島菜と音戸ちりめんおにぎり　カキのおにぎり　さんばい
山口	山賊むすび　瓶詰めウニのおにぎり　きざみワカメむすび
愛媛	菜ずしおにぎり　鯛めしのおにぎり　おたま

高知	かつおおにぎり　おかかのおにぎり　たわらむすび
徳島	すだちおにぎり　ひじきごはんのおにぎり　ワカメおにぎり
香川	いりこおにぎり　醤油の焼きおにぎり
宮崎	肉巻きおにぎり　かしわ飯のおにぎり　しそのおにぎり
福岡	からし明太子おにぎり　カナギご飯のおにぎり　鬼の手こぼし
佐賀	ノリの佃煮おにぎり　有明ノリのおにぎり　ごっくうさん
長崎	しょうゆの実おにぎり　豚角煮のおにぎり　里芋めしのおにぎり
熊本	高菜漬けおにぎり　三ゴロ飯のにぎりめし
大分	鶏めしおにぎり　椎茸のおにぎり　刻み高菜のおにぎり
鹿児島	かつお味噌おにぎり　豚味噌のおにぎり　高菜んにぎりめし
沖縄	スパムおにぎり　ポーク玉子のおにぎり　カーサおにぎり

にぎり」、沖縄「スパムおにぎり」「ポーク玉子のおにぎり」のように畜産品のおにぎりが西日本に多くみられる。⑥青森「南蛮味噌おにぎり」、埼玉「つとっこおにぎり」、新潟「けんさん焼きおにぎり」、岐阜「朴葉《ほおば》味噌おにぎり」、滋賀「エビ豆のおにぎり」、兵庫「いかなごのくぎ煮おにぎり」のように郷土料理をおにぎりにしている例もみられる。⑦岩手「へっこ（ヒエ）めしのにぎりめし」、群馬「きび赤飯おにぎり」、山梨「麦飯のおにぎり」のような雑穀めしのおにぎりは、おもに東日本に多いようである。⑧沖縄「ポーク玉子のおにぎり」、愛知「天むすおにぎり」（海老の天麩羅《てんぷら》入り）などの戦後生まれの新しいおにぎりもある。

なお、表1に示したおにぎりについて、若干の説明をすると、山形の「弁慶飯おにぎり」は、味噌焼きおにぎりを山形名物の青菜漬《せいさい》けで包んだもので弁慶ゆかりの食べ物として命名されている。埼玉の「つとっこおにぎり」は、糯米に小豆《あずき》を入れ、栃の葉や朴の葉でつつんで蒸し、野良仕事に持参したもの。山梨の「百万遍《ひゃくまんべん》」は小豆ご飯を丸く握ったもので「百万遍念仏講」で振る舞われたおにぎり、小石が入ったものが当たると男の子が生まれると言い伝えられている。静岡の「染飯おにぎり」はくちなしの実で黄色く染めた飯のおにぎり。「瀬戸の染飯」として駿河《するが》国瀬戸（現藤枝市）の茶店で売られていたと一五五三年（天文二二）『参詣道中日記』に記されている。くちなしの実は消炎、止血、解熱、疲労回復、筋肉痛緩和に効能があるとされ、東海道を旅する人びとに重宝された。愛媛の「おたま」はすし飯にアジ、大根葉、油揚げなどを入れ、大きなしゃもじ（おたま）でかき混ぜるのでこの名がある。沖縄の「カーサおにぎり」は、豚肉、味噌、黒糖で作った油味噌を入れて芭蕉《ばしょう》の葉で包んだおにぎり。カーサとは木の葉のこと。

ここで取り上げたのは、地域の行事や言い伝えと関連の深いおにぎりである。

おにぎりの民俗　米という日本人にとって大切な食料を用いて作るため、おにぎりは信仰や行事に深く結びついて伝承されている。現在のおにぎりのように握って形を作らなくても、平安神宮の神饌《しんせん》（節分の神饌には高盛された一対の円柱形の飯が供えられる）や日光山輪王寺《りんのうじ》の強飯式《ごうはんしき》（強飯僧が巨大な三角おむすびのような山盛りの飯を参加者たちに食べろ食べろと強要する行事）のように、飯の形を作って器に盛る行事が伝承されている。その一方、米の霊力に頼っておにぎりを作り、さまざまな願いごとをしたり、厄払いをしたりする風習が日本各地には残っている。それらを拾い上げて作成した表2にそって、以下、若干の解説をする。

銭が入ったおにぎりや枕飯などのように死後の世界へ旅立つために、米の霊力を利用しようとする

表2　日本各地のおにぎりの民俗

地　域	事　項	出　典
横浜市都筑区の上の山遺跡(中世の火葬場)	銭3枚が入った三角おにぎりが出土。	横浜市歴史博物館編　2014
横浜市磯子区杉田東漸寺貝塚の火葬址	銭入り炭化おにぎりが出土。「おそらく死出の旅路の食料」。	横浜市歴史博物館編　2014
愛媛県のある地域	飯盛りと握り飯4つ(「枕飯」〈死弁当〉)を供える。	野本編　2011
東北地方	年の暮れから正月にかけて「ミタマの飯」。丸いおにぎり12個を先祖の霊に供える。先祖の御霊(みたま)を祀るもので「オミダマ様」ともいう。	新谷　2015
三重県伊賀市土橋	盆の8月1日の午後9時に「おみやげ」として糯米の握り飯3つとオワイさん(おかず)を柿の葉の上に供え、家族にも供する。	野本編　2011
中国山地	朴葉に包んだ握り飯を田植行事に用いる。	小田　2005
京都府南丹市日吉町佐々江・奈良県山辺郡山添村	田植時に大量の藤俵を作って水口に供え、皆で食べる。田植えのテンゴリ(手伝い)にかやくご飯の朴葉握りをふるまう。	野本編　2011
鹿児島県種子島の宝満神社	毎年4月3日の御田植式に直会として、赤米の握り飯が振る舞われる。かおりのいいシャリンバイ(車輪梅)の葉に2個包まれた大きさ約5cmの丸型おにぎり。煮しめや焼き魚も別の葉に包まれて配られる。	川越　2011
佐賀県多久市	村祭りの供え物は神様が宿るという「ごっくうさん(御供さん)」。	生内　1979
石川県金沢市	「たきだしのおむすび」は、昔から火事や雪下ろし、嫁入り、葬式など、人が多く集まる時に作る。	小田　2005
兵庫県氷上郡、多紀郡(現篠山市)	「黒豆ごはんのおにぎり」は、棟上式、産後見舞い、秋祭りの時などに配られる。	小田　2005

地　　域	事　　項	出　　典
岡山県総社市	「ナラチャメシのにぎり」は火事の炊き出し、田植え、稲刈りの時に作られる。	小田　2005
岐阜県吉城郡上宝村(現高山市)	「アブラエのにぎりめし」は、祭りや法事など人が集まる時に作られる。	小田　2005
山梨県東八代郡	「百万遍」は、無病息災、厄払い、安産祈願に作られる。石の入ったおにぎりを妊婦が食べると男子が生まれ、しかも安産だという言い伝えがある。	小田　2005
民　　話	魔除けを期待して、鬼退治に白飯の握り飯を投げつけたという民話や「おむすびころりん」「さるかにがっせん」などの昔話にもおにぎりが登場。	

出典
生内玲子　1979年『おにぎり・おむすび風土記』日本工業新聞社
小田きく子　2005年『おにぎりに関する研究(第1報)』ブックレット近代文化研究叢書、昭和女子大学近代文化研究所
川越晃子　2011年『47都道府県のおにぎりと、米文化のはなし。おにぎり』グラフィック社
新谷尚紀　2015年「聖なる米の集合体」『てんとう虫』47巻9号
野本寛一編　2011年『食の民俗事典』柊風舎
横浜市歴史博物館編　2014年『大おにぎり展　出土資料からみた穀物の歴史』

風習が各地にみられる。たとえば、愛媛県のある地域では飯盛りと握り飯四つを枕元に供えるというが、死出の長旅が無事済むようにとの配慮であろう。六文銭《ろくもんせん》を棺に入れる風習も同様な振舞いと思われる。先祖の霊に供える「ミタマの飯」、盆行事の「おみやげ」もその延長線上にある民俗といえよう。宮城県から長野県の旧家に伝わる「ミタマ飯」は、農作業に使う箕《み》に丸いおにぎり一二個をならべて、先祖の御魂《みたま》の安かれと祈る行事である。また、農作業のなかでも特に重要な田植は、一家をあげて、あるいは、親戚などもかけつけての共同作業であったから、白いおにぎりをたくさん用意し、神にも

供えた。中国山地の「朴葉おにぎり」、京都府南丹《なんたん》市や奈良県山添《やまぞえ》村の「蕗俵《ふきだわら》」、種子島《たねがしま》宝満《ほうまん》神社の「赤米の握り飯」などもその例である。また、石川県金沢市の「たきだしのおむすび」、兵庫県の「黒豆ごはんのおにぎり」、岡山県総社《そうじゃ》市の「ナラチャメシのにぎり」、岐阜県上宝《かみたから》村の「アブラエのにぎりめし」などは、災害時や嫁入り、葬式、法事などの人寄せに出されるおにぎりである。死産・流産・妊産婦の死などかつては相当数あったから、母子の無事を祈るおにぎりも散見される。日本人はおにぎりを力の源とし、分けあって食べるなかで仕事をこなし、絆を深めてきた。米やおにぎりに霊を感じる精神性は、葬儀や祭り、「ミタマの飯」の風習などに今も残されている。

おにぎりの考現学　おにぎりは家庭の味のシンボルであった。戦後の復興時におにぎり専門店の開店はあったが、金を出しておにぎりを買うという行為が一般化するのは、一九七八年（昭和五三）、セブンイレブンが「手巻おにぎり」を売り出した頃からである。機械による大量生産が可能になり、料理を買うことに後ろめたさを感じなくなったからでもあろう。セブンイレブンでは一九八三年「シーチキンマヨネーズ（ツナマヨ）」をヒットさせ、一九八九年（平成元）には冷凍おにぎりを開発している。「手巻おにぎり」は発売当初、パリッコフィルムを用いて海苔のパリパリ感を出していたが、一九九五年「直巻おむすび」と称するしっとり型のおにぎりを売り出した。二〇〇二年にはおにぎりブランド「おにぎり屋」（ローソン）がオープンし、二〇〇四年にはファミリーマートの「愛情おにぎり」がシリーズ化される。おにぎりの多様化はさらに進み、コンビニやスーパー、デパチカなどでは、老若男女がおにぎりを買う姿が日常化しており、おにぎり専門店の増加も著しい。

冷凍食品の「おにぎり丸」はあたたかいご飯に冷凍の具を入れて握るもので、そうしたニーズがあるらしい。冷凍おにぎりでは「焼きおにぎり」「肉巻きおにぎり」なども人気があり、二〇一六年現在、おにぎりは年間四〇億食以上の売り上げがあるという。二〇一四年に設立された「一般社団法人おにぎり協会」(中村祐介代表)がホームページで公表している「おにぎり宣言」には「一、おにぎりは日本が誇るファストフードであり、スローフードであり、ソウルフードである。一、おにぎりを通して、日本の風土や食文化を再発見していこう。一、おにぎりを見つめ、そのおいしさと素晴らしさを、世界へ発信していこう。一、人の手でにぎられた、おにぎりのあたたかなおいしさを、子どもたちへ広めよう。一、おいしいおにぎりをにぎって食べよう。今日も、明日も、あさっても!」とある。同協会の「おにぎり憲章」の第一条は「人の手でにぎられたものとする」、第三条は「おにぎりは「米」「塩」「海苔」「具材」「水」の五要素を基本とする」となっている。今や人の手でなく機械で作った大量生産のおにぎり、握ることをカットした「おにぎらず」、具材を入れない「塩むすび」のように五要素を満たさないおにぎりもある。さらに、米が主役という常識を超えて、味つき半熟卵がまるまる一個入った「ばくだんおにぎり」、牛肉が飯の一・五倍もあるという「ローストビーフおにぎり」なども築地場外市場にお目見えしている。「おにぎり憲章」がどのように変更されていくのか興味あるところであるが、出版物やインターネットの料理投稿サイトなどをみると、成形の工夫やおにぎりの多様化は今後ますます進展するだろうと思われる。

３　すし

すしの歴史とさまざまなすし　すしは稲作の伝来以降、米と魚の保存食として作られ、進化してきた日本の代表的な食文化である。もともとは米と塩と魚を発酵させ、長期保存を目的としていたが、異文化との接触や地域産物の活用、嗜好の変化にともなって長い年月の間に、姿、形、作り方、食べ方などが大きく変化してきている。おにぎりが具材の変化はあっても形態の変化があまりないのとは対照的である。次にすしの変遷について概観する（日比野　一九九九）。

東南アジアを発祥の地とするすしは、大川智彦によれば、中国では、魚と塩で乳酸発酵させた現在の塩辛《しおから》状のものを「鮨《キ》」と呼び、現在の飯《い》ずし状のものを「鮓《サ》」と呼んだそうだが、日本に伝来した当時のすしは、魚・塩・飯のみを漬け込み、長期間発酵させて酸味と独特なにおいをもたせた鮨系統の「ナレズシ（ホンナレ）」であった。一方、鮓系統は「かぶらずし」や「飯ずし」となって、おもに北陸、東北で独自の発達を遂げている。塩漬けの魚は長期保存ができ、加工法も単純なのに飯を加えて発酵させたのはやはり嗜好性を重視したためであろう。飯を捨てる「ナレズシ」の製法をみても、かなり贅沢な食べ物だったことがうかがえる。七一八年（養老二）成立の養老令《ようろうりよう》の「鮓」、平城京跡出土の木簡の「鮓」、各種の正税帳《しょうぜいちょう》に残された「鮨」、九二七年（延長五）撰進の『延喜式《えんぎしき》』の「鮨」など、古い文献にもすしの名がみえる。当時米は貴重だったから、地方から納められた「ナレズシ」は貴族たちだけが賞味できる高級品だったにちがいない。「ナレズシ」の製法を今に伝えているのは滋賀県の「フナずし」のみである。

中世になるとすしの世界にも一大変革がおこった。「ナマナレ」の誕生である。一五世紀後半の『蜷川親元日記《にながわちかもとにっき》』には「アユずし」や「アメずし」などの「ナマナレ」が記されている。「ナマナレ」はこれまで主流だった「ホンナレ」よりも発酵期間が短く、飯も捨てずに食べるので、むだなく、便利なすしであった。米の生産量が増加したことも、貴重な米の飯を捨てる行為への抵抗感も「ナマナレ」普及に拍車をかけたであろう。発酵期間が短いだけに臭気が気になったため、タデやユズなど、かおりの強い補助剤の利用も考え出された。現在「ナマナレ」の製法が伝えられているのは、奈良吉野の「釣瓶《つるべ》ずし」、兵庫の「アユの生成《なまなれ》」、福井の「サバずし」など、近畿、中部地方のすしに多い。魚、飯、塩のみでつくるものを「古式ナマナレ」、魚、飯、塩のほかに酒、酒粕《さけかす》、糀《こうじ》などの発酵促進剤を加えたものを「改良型ナマナレ」と称している（日比野　一九九九）。このように「ナマナレ」が主流になる一方で、『御湯殿上日記《おゆどののうえのにっき》』（一四七七年〈文明九〉―一八二六年〈文政九〉の記録が伝存）にある「たけのすもじ」（タケノコずし）のような「精進《しょうじん》ずし」も現れる。「改良型ナマナレ」からは仕上がりが一尾の姿となる「姿ずし」が生まれ、さらに「棒ずし」へと変化する。一方、もうひとつの流れとして飯を主体とし上に魚肉を貼った「こけらずし」「箱ずし」が考案され、一四世紀以降の記録が残る京都の神職鈴鹿《すずか》家の『家記《かき》』には「こけらずし」の名がみえる。

「姿ずし」「箱ずし」のように、酢を加えながら発酵を行わせるすしは江戸時代以前にもあったが、一六六八年（寛文元）『料理塩梅集《りょうりあんばいしゅう》』の鮒鮨漬方《ふなずしつけかた》には「二～三日で食べる場合は酒と酢の両方を入れ、四～五日おく場合は、酢は入れない」と記され、さまざまな工夫があったことが示唆される。江戸時代に入ると酢を用いて酸味を出す「早ずし」が登場し、江戸っ子の気風ともあいまって一気に広がっていく（一七世紀末）。酒を用いないで直接酢を加える「当座ずし」や「俄《にわか》ずし」も考案されるが、「早ずし」の流行には粕《かす》酢開発の影響が大きい。従来の酢製造は手間もかかり、値段も高かったが、酒粕を利用した粕酢はすしのコストダウンを実現させ、江戸のすしブームに拍車をかけた。「巻きずし」「稲荷《いなり》ずし」そして「押し抜きずし」「握りずし」「ちらしずし・五目ずし」なども作られるがこれらは比較的新しいすしといえよう。「ホンナレ」「ナマナレ」までは乳酸発酵のすしであるが、「早ずし」系統は酢酸発酵のすしとなり、この段階ですしは大きく変化したことになる。

江戸時代のすし文化　江戸時代は人や物の往来が活発となり、食文化の交流もさかんになった。出版物も数多く世に出ており、『毛吹草《けふきぐさ》』（一六四五年〈正保二〉刊）には、「釣瓶ずし」「宇治丸」「雀ずし」「フナずし」「はたはたずし」などの諸国の名物ずしが紹介されている。二〇〇種以上出版されたという料理本からすしの名を拾ってみると、『料理物語』（一六四三年〈寛永二〇〉刊）には「一夜ずし、こけらずし」、『料理塩梅集』には「鮒鮨、鰯《いわし》鮨、鮭鮓《さけ》」、『合類日用料理抄《ごうるいにちようりょうりしょう》』（一六八九年〈元禄二〉刊）には「鮭子籠《こごもり》の鮨、鯛《たい》の鮨、鮒早鮨」、『料理網目調味抄《りょうりもうもくちょうみしょう》』（一七三〇年〈享保一五〉刊）には「丸ずし〈姿ずし〉、身どり〈鱗《こけら》ずし〉」、『料理山海郷』（一七五〇年〈寛延三〉刊）には「巻鮓、サケ早ずし、鰯鮓」、『料理珍味集』（一七六四年〈宝暦一四〉刊）には「ハモずし、若狭《わかさ》のニシンずし、羽前《うぜん》酒田の粥漬《かゆづけ》」、『献立部類集』（一七七六年〈安永五〉刊）には「満《ま》きすし〈巻ずし〉」などがあるし、百珍物《ひゃくちんもの》といわれる特定食材の専門書にも「とうふ鮓」「大根ずし」「鯛ずし」「いも巻ずし」「桜井ずし〈ハモずし〉」などがあげられている。また、米料理の専門料理書『名飯部類《めいはんぶるい》』（一八〇二年〈享和二〉刊）には「こけらずし、鯖《さば》ずし、さくらずし、あたためずし、茶巾《ちゃきん》ずし、巻ずし、和布《わかめ》巻ずし、薩摩《さつま》ずし、おからずし」などがあり、多種多様なすしの存在がうかがえる。絵画資料をみると、『近世商賈尽狂歌合《きんせいしょうばいづくしきょうかあわせ》』（一八五二年〈嘉永五〉序）の「屋台の稲荷鮨屋」にはすしを切るためのまな板と包丁が描かれているし、「一本が一六文、半分が八文、ひと切が四文」との添え書きもある。たとえば「稲荷ずし」の場合であれば、このような絵画資料から、当時の「稲荷ずし」の形、売り方、売り手の恰好まで、文字では分からない事柄を容易に知ることができる。

消費都市、男性都市の江戸では外食文化が花ひらいた。先に紹介した『守貞謾稿《もりさだまんこう》』には「握り鮨の上に、鶏卵焼き、鮑《あわび》、マグロサシミ、海老のソボロ、小鯛、コハダ、白魚、蛸《たこ》などをのせる、巻きずしを海苔《のり》巻きという」などと「江戸のすし屋」の解説があり、握りずし、巻きずしなどのイラストが添えられている。これも貴重な絵画資料といえるであろう。

文化・文政の頃になると、経済力のある商人などが台頭し、「松《まつ》ヶ鮓《ずし》」などの高級すし屋が現れる。明治時代となり、すし屋は「店舗を構えた高級店」「内店《うちみせ》と呼ばれる一般店」「露店の屋台店」へと分化する一方、江戸前握りずしが地方へ広がっていった。それは大きなスパンでみれば、幕藩体制が崩れて往来が格段に自由になったからであり、情報手段の広域化が進み、さらに関東大震災や太平洋戦争などの影響ですし職人が地方へ分散したからでもある。「露店の屋台店」は一九三九年（昭和一四）、公衆衛生、交通法などによって禁止され、ほぼ姿を消した（大川 二〇〇八）。一九五八年、大阪で「廻る元禄寿司一号店」が開店、一九七〇年大阪万博での「回転ずし」出店以後、安価な握りずしを庶民も食べられるようになったが、それと同時に「内店と呼ばれる一般店」は閉店を余儀なくされて

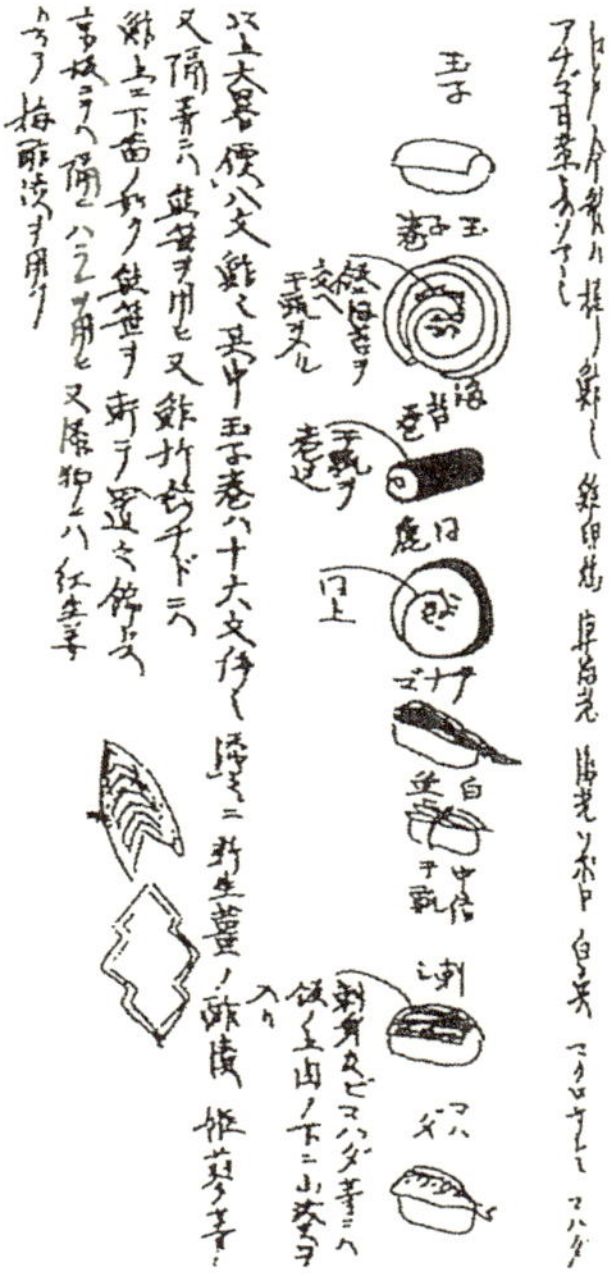

図7　江戸のすし屋の解説（『守貞謾稿』より）

いった。

すしの成形の工夫と地域性　「ナレズシ」「ナマナレ」は別として、すしには、箱で形をつくる（箱ずし・押しずしなど）、何かに巻いて形をつくる（縄巻きずし・海苔巻きずしなど）、何かに詰めて形をつくる（稲荷ずし、茶巾ずしなど）、手で握って形を作る（握りずしなど）といったいろいろな成形の工夫がみられる。西日本で一般的な「箱ずし」（大阪ずし〈大阪〉、岩国《いわくに》ずし〈山口〉）など）は成形に箱を用いる。箱に入れて押すので「押しずし」、切り分けて食べるので「切りずし」とも呼ばれる。「姿ずし・棒ずし」は成形に布巾《ふきん》や巻きすを用いるが、すし箱に入れて押しをかける場合もあり、「丸ずし」「魚ずし」の別名がある。「巻きずし」には、浅草海苔（岩海苔、有明海苔なども含む）、笹、竹の皮、菊の花、漬物（高菜、青菜など）、みょうがの葉、アブラギリの葉、柿の葉、朴《ほお》の葉、ワカメ（メ巻き）、とろろ昆布、薄焼き卵、ゆばなどが用いられ、変わったところでは、ふぐの皮、紙、藁《わら》つとなどが使われたという例もある。「巻きずし」には「細巻き」「太巻き」「細工ずし」などの形があり、なかに入れる具材もまた多種多様で、さまざまな創作ずしが誕生している。「握りずし」は職人の手で成形され、高度な技術を要するが、ネタについては彼ら職人が次々に工夫を重ねてきて、今日、種類や形、大きさなどさまざまな握りずしが考案されている。「アボカド巻き」や「サラダ巻き」など新しい「巻きずし」ができ、「軍艦巻き」なども内外を問わず人気がある。

高価で技術が必要な「握りずし」は専門店で食べ、手軽で経済的な「巻きずし、五目ずし（ちらしずし)、稲荷ずし」は家庭で食べるという二極分化が進んだが、家庭でのすし作りは減少傾向にあった。しかし、近年「すし粉」「すし酢」「調味済み具材」などの商品開発により、家庭でのすし作りは便利になり、和食伝承の動きのなかで幾分復活傾向がみえている。

日本各地のおもな郷土ずしを都道府県ごとにまとめてみた(表3)。表にそってすしの地域性をみてみよう。各地のすしの特徴としては、①郷土ずしのなかには「ホンナレ」「ナマナレ」系統のものが多くみられる。「ホンナレ」は滋賀の「フナずし」だけだが、「ナマナレ」には千葉の「イワシのくさりずし」、石川の「ひねずし」、福井の「サバずし」、京都の「サバずし」、奈良の「アユずし」などがある。神饌《しんせん》や行事、献上品として連綿と受け継がれてきたすし、駅弁などで有名になったすしなども目を引く。②飯ずし系統には北海道の「サケの飯ずし」、秋田の「ハタハタずし」、石川の「カブラずし」など、今でもそれぞれの地域で作られ、行事との結びつきが深いすしがある。③「早ずし」系統のすしとしては「江戸前握りずし」、静岡の「げんなりずし」、三重の「手こねずし」、沖縄の「大東ずし」などがあげられる。④都道府県単位での郷土ずしをあげたが、かつては同一の政治・文化圏内にあって共有していたすし、人の移動によって飛び地のように伝播されたすしなど、社会的事情によって広範囲にまたがるすしもある。⑤雑穀やオカラなどの入ったハレ食ではないすしの存在も認められる。⑥名称に歴史的背景をもつもの、行事や信仰と関連するもの、ユーモアあるネーミングなど、根底には人びとの暮らしへの慈しみが込められているすしもある。

表3　日本各地の郷土ずし

地域	郷 土 ず し の 名 称
北海道	笹ずし　サケの飯ずし　シシャモずし　蝦夷前ずし
青森	菊ずし　サケの飯ずし　イカずし　イワシずし
岩手	サケの親子ずし　カドやハタハタのすしづけ
宮城	アナゴちらし　はらこ飯　フカヒレの姿ずし
秋田	赤ずし　ハタハタずし　ナスずし　アケビずし　甘ずし
山形	樹氷巻き　塩引きずし　紅花ずし　粥ずし
福島	すしぶち(結婚式などの祝膳に出される巻きずし)　ハヤずし　ニシンずし
神奈川	カマボコひなずし　アジのおしずし
千葉	太巻き祭りずし　イワシのくさりずし　イワシのからずし
東京	島ずし　江戸前握りずし　江戸前ちらしずし　笹巻き毛抜きずし
栃木	かんぴょうのり巻き　俵ずし(いなりずし)　アユのくされずし
埼玉	あぶらげずし(いなりずし)　のり巻きずし　卵巻きずし
茨城	花ダイの押しずし　ウナギのちらしずし
群馬	イワナずし　ニシン漬け
山梨	お祭り巻きずし　姫棒ずし
静岡	げんなりずし　田子ずし　岩のりの巻きずし　切りだめずし
愛知	箱ずし　モロコの押しずし　ドジョウずし
長野	万年ずし(正月用の古風な「ナマナレ」)　朴葉ずし　箱ずし　サンショウずし
新潟	サケの飯ずし　笹ずし　押しずし　からずし
富山	マスのすし　ブリのすし　サバずし　カブラずし　イワシのオカラずし(磯ずし)
石川	カブラずし　柿の葉ずし　イワシのオカラずし　笹ずし　ひねずし
三重	手こねずし　アユずし　イモずし　箱ずし　コンブ巻きずし
福井	サバのなれずし　焼きサバずし　ニシンずし
岐阜	朴葉ずし　ミョウガずし　コケ(キノコ)ずし　ねずし　箱ずし
滋賀	ビワマスの早ずし　フナずし　ジャコずし　モロコずし　ハスずし
京都	ばらずし　サバずし　ハモずし　蒸しずし
大阪	箱ずし(大阪ずし)　サバずし　バッテラずし　雀ずし　蒸しずし
兵庫	コノシロずし　アユの生成　イカナゴずし
奈良	柿の葉ずし　アユずし　釣瓶ずし(釣瓶型の桶で漬けたアユの発酵ずし)
和歌山	サンマのなれずし　めはりずし　サバずし　縄巻きずし　メ巻きずし
鳥取	ハタハタ(シロハタ)押しずし　ジンタン(小さなハタハタ)ずし　イナずし
島根	箱ずし　おまんずし(オカラずし)　メノハずし　蒸しずし
岡山	ばらずし(祭りずし)　ママカリずし　あずまずし(オカラずし)　サバずし
広島	もぐりずし　あずまずし　アユずし　角ずし　しばずし(ジャコ)
山口	岩国ずし　とうずし(オカラずし)
愛媛	押し抜きずし　いずみや(オカラずし)　丸ずし(オカラずし)

高知	こけらずし　すし皿鉢　アマノリの巻きずし　アメゴずし
徳島	ボウゼ(エボダイ)の姿ずし　アメゴずし　ヒエ飯のすし
香川	スボキずし　カンカンずし　石切りずし　ひつかり(ヒキワリ)ずし
宮崎	レタス巻き　魚ずし
福岡	コウゾの葉ずし　柿の葉ずし　押しずし　カマスの姿ずし
佐賀	須古ずし(祭りや祝いごとの時に作られる箱ずし)　押しずし
長崎	大村ずし　おかべずし　ぶえんずし(講ずし)
熊本	タチウオずし　ねまりずし(くされずし)　コノシロずし　ときずし
大分	アジの丸ずし　エノハ(ヤマメ)ずし　とっきんずし(いなりずし)
鹿児島	酒ずし　薩摩すもじ(混ぜずし)
沖縄	大東ずし

以下、表3に示したすしについて、若干の解説を行う。北海道の「蝦夷《えぞ》前ずし」は、生のネタを使うことを基本とし、北海道の豊富な魚介類を生かした握りずし。山梨の「姫棒ずし」は、サーモンなど地元の食材を活用した創作ずしで、ワインに合い、ゆずこしょうとオリーブ油で食べる。埼玉の「あぶらげずし」は、熊《くま》谷《がや》市妻沼聖天《めぬましょうてん》様前で売られている細長い稲荷ずし。愛媛の「丸ずし」は、酢につけた宇和島《うわじま》の旬の魚をオカラに巻いて作る握りずし。鳥取の「ジンタンずし」は、売り物にならない小さなハタハタを焼いたもの、すし飯、薄焼き卵を重ねて押して作る。三重の「手こねずし」は、タレに漬けこんだカツオやマグロの刺身とご飯を手で混ぜる漁師料理がもとのすし。徳島の「ボウゼの姿ずし」は、酢につけたボウゼ（イボダイ）をすし飯にのせて作るすしで、徳島名産すだちとの相性もよい。鹿児島の「酒ずし」は、専用のすし桶《おけ》に甘味の強い地酒を振りかけながら飯と具を交互に重ねる。一番上にはきれいな具材を置いて、落し蓋をし、軽く押して作る。

備考
イワナやニジマスなどを漬ける古式ナマナレ ヘシコを塩抜きし、飯と糀でさらに漬ける アユ、サバ、シイラなどを用い、飯はこそげ落とす
墓や仏壇に供える
海でとれる魚を糀で漬ける改良型ナマナレ サバずしは秋祭りの料理 雑多な魚でつくるすし 姿ずしの一種
「すし切り祭り」では、儀式の形式通りに神前でフナずしを切って供える

これらのすしは、地元の食材を使い、行事や生業を背景として生まれた地域独特の郷土ずしである。数例のみの紹介だが、それぞれの郷土ずしにはその土地の歴史、文化、気候風土、人びとの知恵がいっぱい詰まっている。

すしの民俗　各種文献からすしの民俗を抽出し、一例ではあるが、表4にまとめた。

一年で一番ご馳走を食べる「年越し行事」の例として、高知県山間部の例をみてみたい。年越しの日にタケノコの棒ずし、コンニャクの稲荷ずし、シイタケやミョウガの握りずしなどを食べて、残ったものは元旦に網で焼いて食べるといい、正月より年越しの方に重きが置かれている。一九四〇年代から五〇年代の筆者の実家山形の日常食は「麦ごはん、味噌汁、漬物」が定番だったから、「お歳取りの日」は楽しみだった。すしは登場しなかったが、味のついた炊き込みごはん、豆腐の吸い物、まぐろの刺身、いつもより豪勢な煮物、そして茶碗蒸しまで付く大盤振る舞いであったことを思い出す。

表4　日本各地のすしの民俗

行事の種類	地域・行事名	作られるすし
年越し行事	高知県山間部の年越し行事	
正月行事(年末から年始にかけてつくるすし)	北海道・青森・秋田・石川・福井など	いずし
	山形酒田	粥ずし
	長野県木曽郡王滝村	万年ずし
	福井県若狭地方	サバのヘシコずし
	鳥取県八頭郡	発酵ずし
	福島県南会津地方	ハヤ(ウグイ)ずし
	福島県会津地方	ニシンずし
	群馬県利根郡水上町藤原(現みなかみ町)	イワナずし
	兵庫県城崎郡香住町(現美方郡香美町)	アユのナマナレ
田植行事	岐阜県飛騨地方吉城郡河合村(現飛騨市)の田植行事	サバずし
盆行事	山形県最上地方	細かな人参入りアユずし
	秋田県北部	赤ずし
秋祭り	和歌山県紀北	サバのナレズシ
	京都府南丹市	サバずし
	栃木県宇都宮市	アユずし(古式ナマナレ)
	広島県尾道市因島	しばずし
	岡山県津山市	サバずし
	広島県因島付近の島嶼部	しばずし(じゃこずし)
	三重県桑名郡長島町大島(現桑名市)	ツナシ(コノシロ)の発酵ずし
	石川県鳳至郡穴水町下唐川(現鳳珠郡穴水町)八坂神社の直会料理	サバずし
寺院行事	富山県南栃市城端町善徳寺7月の虫干し法要	サバずし
	富山県南栃市井波町瑞泉寺7月下旬の太子絵伝	サバずし
神社祭礼・神事・神饌	滋賀県守山市幸津川下新川神社、草津市下寺津田江天満宮の「すし切り祭り」	フナずし
	滋賀県伊香郡高月町磯野地区(現長浜市)のオコナイ行事の直会	サバのナレズシ
	滋賀県東近江市永源寺町大皇神社の俎据神事	フナずし

備考
モロコずしを奉納
古式ナマナレ
フナずしの包丁式
祭りの膳に１尾ずつ載せ、神前に奉納
秋祭りの前日、神前に奉納
ワカメ入りの混ぜずし
押し抜きずし

表4をみると、正月行事にはさまざまなすしが用意されている。「ナレズシ」「ナマナレ」「飯ずし」などの長い発酵時間を要するものは正月に漬けあがるよう時期を見計らって作りはじめ、新年に神とともに食べる「神人共食」の事例となっている。山形酒田に伝わる伝統料理「粥《かゆ》ずし」は自家製の糀にサケ、カズノコ、アオマメ、コンブなどを混ぜ、さらに寝かせて作る発酵ずしである。

事例の多い秋祭りのすしとして、和歌山県紀北の「サバのナレズシ」を紹介する。このすしは塩味をつけた大きなニンニコ（握り飯）を開いたサバの腹に詰め、ぎっちり並べて重しをし、約一ヶ月間発酵させる。生サバを使う場合はもう少し長くて、塩漬けに一ヶ月、発酵に一ヶ月の合計二ヶ月かかるそうである。寺院行事の例として、一六六九年（寛文九）『江戸往来』には、「江戸に運び込まれる諸国・異国の物産」のひとつとして「善徳寺《ぜんとくじ》酢《す》」が記されている。それが富山県城端《じょうはな》町善徳寺の七月行事の「サバずし」である。善徳寺では今でも七月の虫干し法要に必要なサバずしを漬けているが、

行事の種類	地域・行事名	作られるすし
神社祭礼・神事・神饌	滋賀県野洲郡中主町八夫(現野洲市)の高木神社神事(じんじ)と五百母(いおや)神事	フナずし
	滋賀県野洲郡野洲町北桜(現野洲市)の若宮神社祭礼	モロコずし
	滋賀県栗東市大橋地区三輪神社	ドジョウとナマズのすし
	滋賀県神崎郡永源寺町君ヶ畑(現東近江市)大皇器師祖(おおきみきじそ)神社のゴクモリ神事	フナずし
	滋賀県栗太郡栗東町中沢(現栗東市)の菌(くさびら)神社祭礼	ジャコずし
	滋賀県高島郡マキノ町大沼(現高島市)日吉神社祭礼	ウグイずし
	滋賀県高島郡マキノ町東開田(現高島市)坂本神社祭礼	ウグイずし
	滋賀県草津市下寺の下寺天神社	フナずし
	三重県熊野市有馬町の産田神社祭礼	サンマずし
	三重県安芸郡芸濃町(現津市)安西神社	コノシロずし(萩野のくさりずし)
	三重県名張市夏見の積田神社祭礼	サバずし
	三重県伊勢市佐八の宮本神社祭礼(1月11日)	アユずし
	三重県阿山郡阿山町音羽(現伊賀市)の佐々神社祭礼	コノシロずし
	長野県飯田市伊豆木の伊豆木八幡宮	サバの姿ずし
	島根県松江市大庭の神魂神社の禱家神事(1月4日)	御酢
	島根県出雲市日御碕神社の和布刈(めかり)神事	メノハずし
	静岡市田代地区の諏訪神社祭礼(ヤマメ祭り、8月)	粟飯を使った姿ずし
祝いごと(結婚式や建前)	静岡県賀茂郡東伊豆町稲取地方	げんなりずし
進物	美濃国尾張藩から徳川将軍家への献上	アユずし

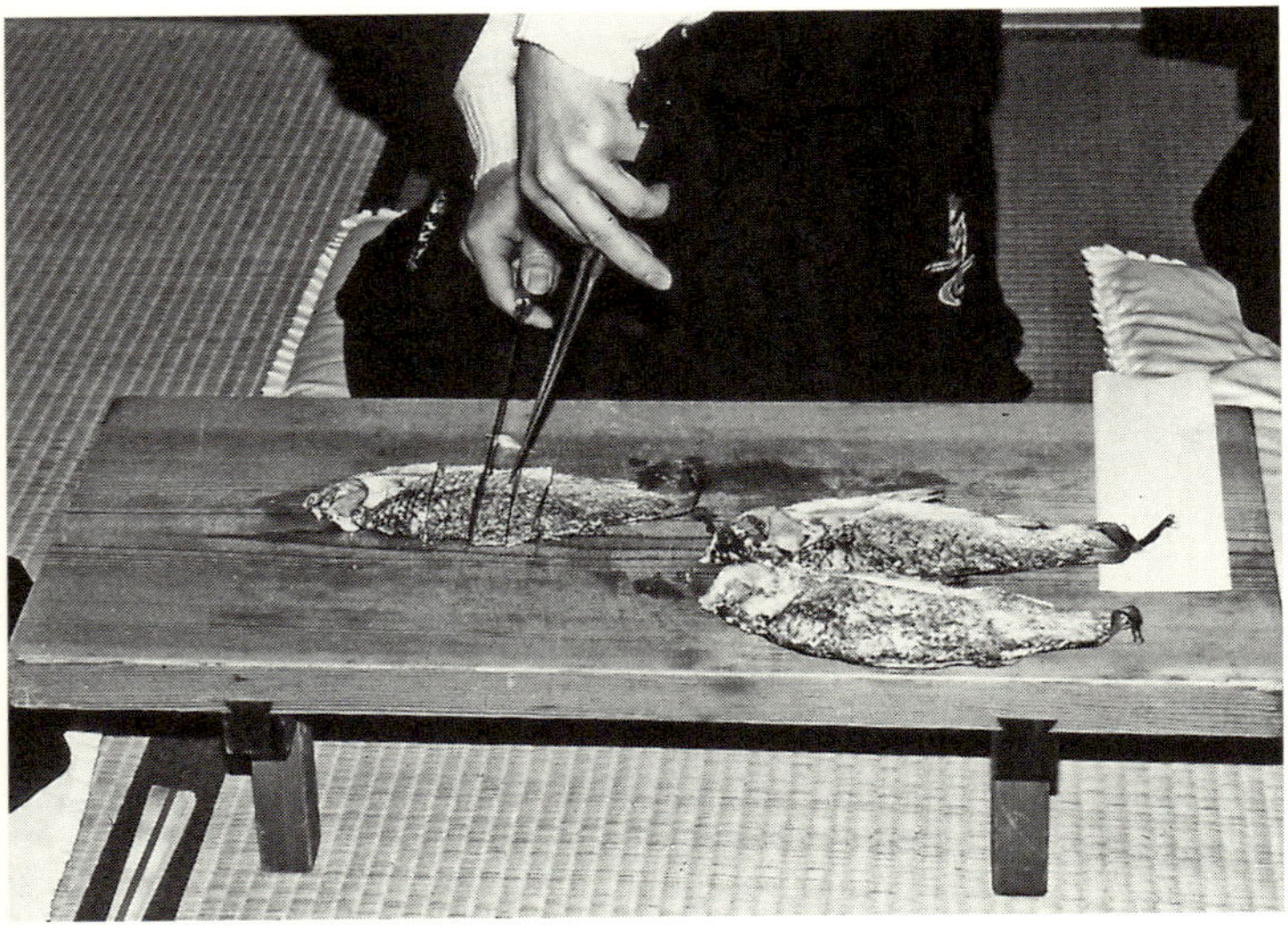

図8　俎据神事の神饌作り（滋賀県東近江市大皇神社、日比野光敏撮影）

塩と自家製糀で約一ヶ月発酵させる。いつもの場所にご飯を広げておくと住み着いている麹菌が働いて糀が自然にできるとのことであるが、三五〇年以上もよく残しておいてくれたと脱帽の貴重な事例といえよう。秋祭りや寺院行事にはサバが多く、神饌にも「サバずし」「アユずし」「フナずし」「モロコずし」「ドジョウとナマズのすし」「サンマの姿ずし」「コノシロずし」など、さまざまなすしが供される。

もう少し祭りの例をあげると、島根県松江市の神魂《かもす》神社禱家《とうや》神事は、一月四日の祭りの日、発酵ずしの「御鮓」が神前に奉納される。このすしは、「エノハ」（ギンダイ）で作る「ナマナレ」で、神輿《みこし》に仕立てて町内を練り歩いたり、参詣者に振る舞ったりするという

（佐藤編　二〇〇八）。また、滋賀県守山市幸津川《さづかわ》下新川《しもにいかわ》神社などの「すし切り祭り」、滋賀県東近江《ひがしおうみ》市永源寺《えいげんじ》町大皇《おおきみ》神社の「俎据《まなすえ》神事」も興味深い。まな板の上に魚を置き、まな箸で切り分ける作法は料理流派の「包丁式」と共通しており、古風の様式を今に残している。こうした行事があったればこそ、伝統的食文化が保存されたのではないだろうか。

一般家庭の結婚式や建前などの祝いごとに出される「げんなりずし」は、静岡県稲取地方に伝わる押し抜きずしで、具はマグロ刺身（赤）、そぼろ（白）、そぼろ（赤）、卵焼き（黄）、甘煮しいたけ（黒）の五種類がある。分量が多くてげんなりするから付いた名だというが、五色の彩りと豪華な盛り付けは祝宴をいっそう引き立たせたことであろう。

すしの考現学、世界のSUSHI　日本の食文化で世界にもっともよく知られているのは「SUSHI」であろう。ユネスコ無形文化遺産登録（二〇一三年〈平成二五〉）を受けて和食が注目されているが、すし国際化のさきがけとなったのは一九〇六年（明治三九）、アメリカのロスアンゼルスへのすし店進出であった。当時は日本人相手の日本風のすしだったが、次第に現地の人びとにも受け入れられ、今日のすしブームに繋がっていく。戦後日本のすし食文化は回転ずしの隆盛およびテイクアウトの多様化によって大きく様変わりした。回転ずしは一九五八年（昭和三三）大阪で誕生したが、ブレークするのは一九七〇年大阪万博での成功後である。物珍しさもあり、高価な握りずしが低価格で食べられるとあって全国展開が進んだ。テイクアウトはコンビニ、スーパー、デパート、弁当屋などでチェーン店化され、最近ではすしの宅配（デリバリー）も人気を呼んでいる。こうした職人技の技術を要しないすしの大半は、「冷凍切りネタ」「自動酢合わせ機」「すし握り機」「自動のり巻き機」「のり巻きカッター」などの機械導入によって、大量生産・大量消費が可能になったといえる。

海外に目を向けると、一九七七年アメリカ上院が報告した「マクガバン・リポート」がすし再評価のターニングポイントとなった。肥満に悩んでいたアメリカ人の生活習慣病対策（食生活の改善）が盛り込まれていたからである。具体的には日本人の健康長寿やすしのローカロリーに注目して健康食と認知したからでもある。当時のアメリカ人には生魚を食べる食文化はなかったが、生魚にもチャレンジし、生魚のかわりにアボカドやボイル海老を用いた「カリフォルニアロール」などの創作ずしも開発されていく。こうしたグローバル化が進む一方で、本場のすしが食べたいと来日する外国人も多い。二〇一四年、アメリカのオバマ大統領来日の折りには、日本の首相自らが銀座のすし屋で大統領をもてなしたことが大きな話題となった。国内外のすし人気は衰えないようで、最近も英語版のすしの本（今田　二〇一三）、高級握りずしをテーマにした専門書（福地　二〇一六）などが出版されて、本屋の店頭を賑わしている。その一方で、江戸時代末期、大阪の商人たちが商売繁盛、厄払いを願って食べたという「恵《え》方《ほう》巻き」が新しい節分行事として全国的に定着し始めている。しかしながら、作りすぎが原因の大量廃棄（食品ロス）が昨今大きな課題を提起している。

国内外への情報発信

最後に『英語で紹介する寿司ハンドブック』から、日本語部分を引用して、これまで述べてきたすしの概要をまとめることとする。「寿司は、酢飯と主に魚介類を組み合わせた日本の伝統的な料理である。鮨、鮓とも書く。寿司は生鮮の魚介に酢を使った「早寿司」と、魚介に米を加えて発酵させた「熟《な》れ寿司」に大別される。いわゆる「SUSHI」は、早寿司のなかでも代表的な江戸前の「握り寿司」を指す。握り寿司は、魚介などのネタの上に山葵《わさび》をつけ、一口大のシャリ（寿司飯、酢飯）をのせて握ったもの。誕生したのは江戸時代後期で、当時は屋台で立ったまま食べる手軽なファストフードであった。今日、健康志向からも寿司人気は高まり、日本はもとより海外でも一定の地位を獲得したといってよいだろう。」（今田 二〇一三）と、外国人にも分かるよう懇切丁寧に説明している。さらに「寿司の食べ方」「寿司屋で定番のテーブルセット」と解説は続き、美しい写真を豊富に用いて寿司の魅力を伝えようとしている。こうした情報発信は重要なことであろう。

ちなみに、一九六一年（昭和三六）、全国すし商生活衛生同業組合連合会（すし連合）によって、毎年一一月一日が「すしの日」に制定された。新米が収穫され、海の幸・山の幸に恵まれる頃であること、この日は歌舞伎の「義経千本桜」由来の日でもあることが選ばれた理由だそうである。全国すし商では新規需要の開拓と顧客サービスのPRをすしの日中心に行っており、すし発展の一方法として全国展開されている。また、伏見《ふしみ》稲荷、豊川《とよかわ》稲荷、笠間《かさま》稲荷の日本三大稲荷社のある地域では、稲荷信仰と結びつけて稲荷ずしをブランド化し、町おこしに活用しているという（日比野 二〇一八）。このような地域ぐるみの動きも販路拡大の要と思われる。二〇一七年三月、新潟の駅弁のなかで「まさかいくらなんでも寿司」が目に付いた。ちらしずしだがイクラがたくさんのっている。こうしたユーモアあるネーミングやパッケージの工夫、情報発信の巧みさも、すしそのものと同様、これからのすし発展に貢献するのではないかと提言して結びとしたい。

参考文献

石毛直道　二〇一五年『日本の食文化史―旧石器時代から現代まで―』岩波書店

今田洋輔監修　二〇一三年『英語で紹介する寿司ハンドブック』ナツメ社

生内玲子　一九七九年『おにぎり・おむすび風土記』日本工業新聞社

大川智彦　二〇〇八年『現代すし学―すしの歴史とすしの今がわかる―』旭屋出版

大久保一彦　二〇〇八年『寿司屋のカラクリ』筑摩書房

大谷弘幸　二〇〇二年「炭化種子から見た農耕生産物の推定」千葉県文化財センター編『研究紀要23 房総における原始古代の農耕―各時代における諸問題Ⅱ―』

小田きく子　二〇〇五年『おにぎりに関する研究（第一報）』ブックレット近代文化研究叢書三、昭和女子大学近代文化研究所

　　二〇〇六年「おにぎりに関する研究（第二報）」『学苑』七九四号

おにぎり協会他監修　二〇一六年『ごはん検定　公式テキスト』実業之日本社

川越晃子　二〇一一年『47都道府県のおにぎりと、米文化のはなし。おにぎり』グラフィック社

喜田川守貞著、宇佐美英機校訂　二〇〇二年『近世風俗志（守貞謾稿）五』岩波書店

草川　俊　一九八〇年『日本飲食考』楽游書房
佐藤敏也　一九九五年「チマキ状炭化米の米粒解析」石川県立埋蔵文化財センター編『谷内・杉谷遺跡群』
佐藤洋一郎編　二〇〇八年『食の文化フォーラム26　米と魚』ドメス出版
白央篤司　二〇一五年『にっぽんのおにぎり』理論社
新谷尚紀　二〇一五年「聖なる米の集合体」『てんとう虫』四七巻九号
田村真八郎　一九八一年「続々おにぎり・おむすび考」『食糧管理月報』三三巻一〇号
日比野光敏　一九九九年『すしの歴史を訪ねる』岩波書店
　二〇一八年『日本すし紀行―巻きずしと稲荷と助六と―』旭屋出版
福地享子　二〇一六年『ワイド版　築地魚河岸寿司ダネ図鑑』世界文化社
増渕敏之　二〇一七年『おにぎりと日本人』洋泉社
松尾文夫　二〇一五年「おにぎりの品格」『てんとう虫』四七巻九号
本山荻舟　一九五八年『飲食事典　下巻』平凡社（のち二〇一二年、平凡社ライブラリー）
柳田国男　一九四〇年『食物と心臓』創元社（のち一九九〇年『柳田国男全集17』ちくま文庫）
横浜市歴史博物館編　二〇一四年『大おにぎり展　出土資料からみた穀物の歴史』

赤飯とぼた餅——糯米と小豆の儀礼食——

石垣　悟

1　糯米とハレの食

糯米と小豆　昔話「花咲爺」に登場する犬は、特殊な能力を発揮してお爺さんに尽くす。静岡県御《お》前崎《まえざき》市白羽《しろわ》に伝わる花咲爺では、川に洗濯に行ったお婆さんが流れてきた重箱を拾う。重箱には、一の重に子犬、二の重に赤飯、三の重にぼた餅が入っており、子犬はこの重の赤飯とぼた餅を食べて元気に育つ（柳田　一九三七）。

赤飯とぼた餅には共通点が多い。ともに糯米《もちごめ》を主原料とし、蒸すという方法で調理される。蒸した糯米は米粒をある程度残したまま、小豆《あずき》などの豆類とともに調理され、主に非日常の場で食されてきた。

ここでは、こうした共通性に留意しながら、赤飯とぼた餅の歴史や用いられ方、その象徴的な力などを概観して食文化の一端に迫ってみたい。

糯米と粳米　今日、炊飯器で炊く米は、粳米《うるちまい》という品種群にあたる。「こしひかり」「ゆめぴりか」などのブランド米はいずれも粳米である。これに対して赤飯やぼた餅に用いる米は、糯米という品種群にあたる。

粳米と糯米は見た目から異なる。粳米が半透明なのに対し、糯米は白っぽい。見た目の違いは、成分の違いに由来し、故に性質の違いにも通じる。デンプン成分のアミロースとアミロペクチンが、粳米では約二対八の割合であるのに対し、糯米では〇対一〇、つまりほぼアミロペクチンのみからなる。アミロペクチンは粘りを生む成分であり、糯米は必然的に強い粘性、すなわち糯性を帯びる。

糯性を有する穀物には米以外にも粟《あわ》、黍《きび》、玉蜀黍《とうもろこし》などがある。いずれも突然変異で生じた遺伝的劣性であることから、人為的に選抜・栽培されてきた穀物であることがわかる。糯米は、人類が意図的に作出し継承してきた米なのである（阪本　一九八九）。糯米を植えた田の畔には豆類を植えないといった伝承は、劣性な糯米を徹底した管理下で丁寧に栽培してきたことを物語る。

糯米を栽培、食する地域は、世界でも日本や中国からベトナムやタイ、ビルマなどの東南アジアにかけての地域に限られる。これらの地域の人々は、古くから糯米のもつ粘性を嗜好してきたのである。

米の調理法と糯米　遺跡から出土する炭化米から糯米か粳米かを判別することは難しい。文書などでも糯米と粳米が書き分けられることはほとんどない。したがって、私たちが糯米と粳米をどの程度意識的に区別してきたかは必ずしも明確ではない。

糯米は蒸される。赤飯は、糯米を小豆の煮汁に一晩浸した後、煮た小豆といっしょに蒸す。ぼた餅も、まず糯米を蒸し、次いですり鉢で粒がやや残る程度にすり潰して丸め、煮た小豆を練った餡《あん》で包む。細かな手順は地域により若干異なるが、ともに糯米を蒸す点は共通する。

米の調理法には、古くは竈《かまど》に甑《こしき》を据えて蒸す方法と、鍋《なべ》で煮る方法があり、それぞれ調理された飯を強飯《こわいい》、姫飯《ひめいい》といった。二つの調理法が併存する中、平安期の上層階級は、ハレの場で強飯を蒸し、日常は姫飯を煮た。そして室町期に羽釜《はがま》が登場すると、日常は竈に据えた羽釜で姫飯を炊くようになった。こうした流れの結果、米を蒸すことは、ハレの調理法となった。

こうした調理法の展開に糯米と粳米を照合させると、糯米→蒸す→強飯―ハレ、粳米→炊く（煮る）→姫飯―日常となる。糯米のもつ強い粘性を最も活かす調理法が蒸すであり、その蒸すがハレの調理法として受け継がれてきた点から推し量れば、私たちの先祖は糯性に強い嗜好をもってきたといえよう。あるいは糯性を極端なまでに嗜好した結果、糯米を蒸すことをハレの調理法として今日まで受け継いできたともいえるかもしれない（安室　二〇〇四）。供えられたり配られたりした赤飯やぼた餅を最後は食すことの多いのも、その糯性を味わうためであり、赤飯に汁をかけると婚礼の際に雨が降るといった俗信も単に類感呪術的に天候を占うだけでなく、粘性の喪失を危惧したためと考えられる。

儀礼食としての強飯

（白い）糯米を蒸しただけの強飯は、今日そのまま食される機会は多くない。しかし、柳田国男《やなぎたくにお》が「源に遡つてまだ蒸飯の味と趣きとが、黙つて国民の間に伝はつて居る」と述べるように（柳田　一九三一）、強飯はかつては重要な儀礼食であった。

その一例が、愛知県尾張《おわり》地方に伝承されるオコワ祭であろう。あま市七宝《しっぽう》町下之森《しものもり》の下之森八幡社の二月一一日の行事をみると、二升のオコワ（強飯）を作って一升ずつ櫃《ひつ》に入れ、一升は神社に供え、一升は参拝者に配布する。神事後、供えた一升を櫃のまま菰編《こもあ》みに入れる。そして厄年の男性がそれを拝殿横の石垣に何度も叩きつける。中のオコワは次第に餅状になる。やがて櫃が壊れると出てきたオコワを人々が奪い合う。これを食べると厄除けになり、夏病みもしないという。

福島県伊達《だて》市保原《ほばら》町でも、三月初め、強飯を入れた俵を若者が引き合って豊作祈願するツツコ引きが行われる。起源は六斎市《ろくさいいち》の場所決めとされるが、現在は厳島《いつくしま》神社の豊作祈願の行事となっている。ツツコとは巨大な俵をいう。これに二升の強飯を入れ、ツツコから伸びた太縄を裸の若者が上《かみ》、中《なか》、下《しも》に分かれて三方向に激しく引きあう。するとツツコの中の強飯は次第に餅状になる。頃合いを見てツツコを解体して餅状の強飯を参拝者に配布する。この強飯を食べると無病息災に過ごせるという。

どちらも最後は強飯を食す行事であり、そこで注意されるのは強飯のままではなく、叩きつけたり引き合ったりして若干餅状に加工してから、つまり粘性を高めてから食されることである。強飯は、そのまま食されるだけでなく、調理の途中で粘性をより高めることにも重要な意味があると推測される。

2 赤飯

赤飯の歴史 赤飯は、アカママ、アカメシ、フカシなどとも呼ばれる。文献上は、平安末期から鎌倉期にかけての料理を記した『厨事類記《ちゅうじるいき》』の、三月三日や五月五日、九月九日の節供《せっく》に「赤飯」や「赤御飯」が振る舞われたという記事が古いが、その起源は必ずしも詳らかでない。一八五三年（嘉永六）成立の『守貞謾稿《もりさだまんこう》』には「今世、甑《こしき》ニカケ蒸ス者ヲ、強飯《こわいい》ト云。必ラズ糯米《もちごめ》也。吉事ニハ、小豆《あずき》ヲ交ヘ赤飯ト云。凶事ニハ之ヲ交ヘズ。別ニ黒大豆ヲ蒸テ飯上ニ之ヲ置ク。三都トモニ、吉事ニ赤飯ヲ炊キ蒸テ、親類及知音ニ配ル」とあり、江戸期には赤飯が強飯の一種としてハレの場で用いられていたことがわかる。赤飯をオコワ、コワイイなどと呼ぶのも、強飯の一種と認識していたことを示す。一七一二年（正徳二）序の『和漢三才図会《わかんさんさいずえ》』にも同様の記載があるが、後にも触れるように、『守貞謾稿』とほぼ同時期の『萩原随筆《はぎわらずいひつ》』では、赤飯は凶事に用いるとも記されており、地域により食される機会が多少異なっていたことがわかる。

一九五一年（昭和二六）刊行の『民間伝承』一五巻一号の特集「小豆を食べる日のこと」には、赤飯を食べる機会が全国から報告されている。その主な機会は次のように多様である。正月、次郎の朔日《ついたち》（二月一日）、初午《はつうま》、山の神、十二様《じゅうにさま》、雛《ひな》祭り、春の彼岸《ひがん》、お釈迦《しゃか》様、春祭り、端午《たんご》の節供、田植え始め、夏至《げし》、半夏生《はんげしょう》、土用の入り、祇園《ぎおん》祭、夏祭り、盆、八朔《はっさく》、秋の彼岸、秋祭り、亥《い》の子《こ》、神送り、地の神などの年中行事、帯祝い、宮参り、食い初め、里帰り、誕生日、七五三、入学祝い、結婚式、年祝い、厄払い、快気祝い、葬式などの人生儀礼、さらには棟上げや旅立ち……。また宮城県角田《かくだ》市付近では、毎月一・一五・二五日などの休み日に赤飯を作ったともいう。赤飯は餅と並ぶほどの代表的な儀礼食であった（田中　一九九五）。

白米以前の米食　赤飯の起源を考える際、二つの前提に留意すべきだろう。一つは、かつて一部の階級を除いて米食は日常でなかったということである。庶民が純粋に米を主食とするようになるのは明治以降で、朝鮮などから外米を輸入するようになって都市部から広まった。

加えて、もう一つは、そこで食された米も白米に限らなかったことである。かつて栽培された米は、今日のような化学的に品種改良された米ではなかった。もちろん、収穫の増加と安定のため、江戸期以降はさまざまな品種が生まれた。しかし、多くは突然変異の選抜という受動的方法で育成されたため、米の色も白と限らず、黒、赤、緑などがあった。色のついた米は、雑草稲として江戸期の米納制度では年貢の対象外とされて次第に淘汰されたが、それでも赤みを帯びた赤米は、明治以前は全国的にみられ、鹿児島から熊本・宮崎にかけての南九州や高知県などでは明治以降もしばらく栽培稲の半分近くを占めていた。色のついた米は、明治末から大正期に農会が全国展開した産米改良などで衰滅し、米＝白という認識が次第に定着した。

赤米と赤飯　色のついた米でも、特に赤米はハレの場で重用された。赤米は、水田だけでなく畑でも栽培でき、茎丈も長く、穂に針のような芒《のぎ》を有し、米粒も小型で細長い野生種に近似していた。赤米をハレの場で用いる例は、中国雲南《うんなん》省のミャオ族、台湾のアミ族、フィリピンのイロカノ族など東アジアに広くみられ、日本列島でも今日数か所でみられる。

長崎県対馬《つしま》市豆酘《つつ》には頭《とう》仲間という祭祀集団の伝承する赤米行事がある。旧暦一月二日から一二月末までの約一年間、赤米を栽培しながらその穀霊を祀る各種の行事を行う。特に中心となる行事は、旧暦一月一〇日の頭受けで、赤米を祀る頭役を交代して新頭役に赤米の入った俵を渡す。俵を受け取った新頭役はこれを自家の天井に吊るし、また赤米を多久頭魂《たくずたま》神社の神田の水口に埋め、赤米で搗《つ》いた餅を床の間に供える。俵の赤米は、春に下ろされて神田に植えられる。秋に収穫された赤米は、お吊《つ》り坐《ま》しで俵に入れられて天井に吊るされ、再び頭受けで次の頭役に渡される。

鹿児島県南種子《みなみたね》町茎永《くきなが》の宝満《ほうまん》神社でも神田で赤米を栽培する。赤米はアカと呼ばれるほか、オイネとも敬称される。四月初め、御田《おた》の森という小高い山の頂でアカとその苗を供えての神事を行い、その苗を神田に植える。田植えが終わると、神田に隣接した舟田と呼ぶ田で、一組の夫婦が両手にアカの苗を持って御田植舞《おたうえまい》を奉納し、最後に手にしたアカの苗を舟田に植える。直会《なおらい》ではアカの握り飯が

図1　御田の森に供えられた赤米（右奥）とその苗（左手前）（鹿児島県南種子町）

供され、これを食べると無病息災に過ごせるという（図1）。

どちらも神田で稲を栽培・収穫する農耕儀礼で、赤米に穀霊が宿るとされている点で注目される。もちろん、それは明治以降に白米が幅を利かせてくる裏返しもあろうが、宝満神社の行事に関する次のような伝承は、赤色の重要性を感じさせる。すなわち、アカが収穫できなかった時、同じ種子島の西之表《にしのおもて》市国《くに》上《がみ》浦田の国上神社の神田に植えられた白米の稲籾《いねもみ》を貰って植えれば、白米はアカに変わるというのである。いっぽうで種子島には赤色から白色への流れを象徴する行事もみられる。南種子町下中真所《しもなかまどころ》の下中八幡神社の御田植祭は、かつて赤米を植えたが、いつしか白米を植えるようになったと伝える。日本の米における「赤」と「白」の関係は複雑かつ象徴的であり、米の持つ力の淵源を探る手がかりの一つとなりうるかもしれない。

赤色の呪力と赤飯

餅なし正月の習俗に注目した坪井《つぼい》洋文《ひろふみ》は、餅の代わりに赤飯を食べる事例などを取り上げ、餅なし正月を赤色の霊力を意識的に発現させた習俗とみたが（坪井　一九七九）、赤色には災厄を祓う呪力も期待されてきた。神社の鳥居に赤色が比較的多いのも、縁起物の達磨《だるま》が赤色なのも、赤色の呪力が期待されたからである。埼玉県鴻巣《こうのす》市で安永・天明年間（一七七二―八九）から作られている縁起物の練物《ねりもの》人形は、仕上げに表面を赤く塗るため赤物と呼ばれる。金太郎を題材とした赤物が多く、子どもの健やかな成長を祈る縁起物として、また疱瘡《ほうそう》除けの呪《まじな》いとして関東では広く求められた。

疱瘡は、かつて子供にとって最も恐ろしい伝染病であった。疱瘡の流行を契機に始まったとされる行事も多く、その際に鎮めた疱瘡を神に転化して祀った行事もある。疱瘡を避けるため、疱瘡神が嫌うという赤色を象徴的に用いた行事は多い。子供が種痘した時に、戸口に赤い注連縄《しめなわ》を張る、赤い御《ご》幣《へい》を桟俵《さんだわら》に載せて川に流す、赤い御幣を藁馬《わらうま》に立てて村境に送るといった習俗は全国的で、その際に赤飯を供える地域も多かった。岩手県遠野《とおの》市では、疱瘡が完治すると親類を招いて赤飯と赤い御幣を神棚に供え、藁人形を作って赤飯の握り飯をもたせて村境に送った。また、青森県弘前《ひろさき》市のある旧家では屋敷に疱瘡神を祀っており、正月は赤飯を供えて無病息災を祈願した。福井県若狭《わかさ》地方でも、疱瘡が流行すると子供のいる家は赤飯を川原に供えたといい、福井県おおい町名田庄井上《なたしょういがみ》では、節分に疱瘡神を迎えて疱瘡除けを行い、焼魚や蕪《かぶ》汁、白い川原石などとともに赤飯を載せた御膳《ぜん》を床の間に供え、赤飯は近隣にも配った（金田　二〇一六）。

疱瘡を神として祀るように、災厄や御霊《ごりょう》を祀りあげて赤飯を供えたり、併せて近隣に配布したりする行事は多い。新谷尚紀のいうケガレをカミへと転換させる力（新谷　一九八七）が赤飯にもあったといえよう。例えば、神奈川県鎌倉市坂ノ下の御霊神社境内にある石《いし》上《がみ》神社で七月に行う御供《ごく》流しという海難除けの行事では、遭難者の霊を慰めるため赤飯が海に流される。また、東京都の旧八王子《はちおうじ》城下で六月二三日に行われる赤まんま供養は、豊臣秀吉の北条《ほうじょう》攻めの際、八王子城で自刃した武士を供養する習俗とされ、落城の日に米を炊くと赤くなるといって赤飯を作って供えた。さらに、静岡県御前崎《おまえざき》市佐倉では、秋の彼岸の中日《ちゅうにち》に遠州《えんしゅう》七不思議の一つ、御《お》櫃《ひつ》納《おさ》めが行われる。大蛇となって桜ヶ池に潜んだ僧侶を供養する行事で、モッソウと呼ぶ赤飯を詰めた櫃が周辺

図２　御櫃納めの櫃に詰められた赤飯（静岡県御前崎市、御前崎市教育委員会提供）

各地から奉納され、これを若者たちが池の中央に深く沈める。沈めた櫃が浮き上がってこなければ願いが叶うという（図2）。

人生儀礼と赤飯―赤飯の社会性

疱瘡は、子供の成長を阻害する病である。病や災厄を避けて健やかな成長を促すため行われる人生儀礼でも、赤飯は重要な役目を果たした。特に注目すべきは、出産前後の儀礼であろう。まず妊娠三〜七ヶ月の戌《いぬ》の日に行う帯祝いでは、嫁の実家が婚家に腹帯《はらおび》と赤飯を贈り、婚家はこの赤飯を近隣に配った。婚家に小豆と糯米を贈る土地もあり、この場合は婚家で赤飯を作って近隣に配った。また、宮城県の旧仙台城下では子が生まれると赤飯を重箱に入れて近隣に配り、貰った家は重箱の隅に一口ほどの赤飯を残して重箱を返した。さらに子が誕生して七日目のお七夜でも、婚家は親戚らを招いて赤飯のついた祝膳を振る舞った。富山県氷見《ひみ》市では、子の鼻が高くなるようにといって赤飯を高く盛り付けた。産後二一日目の帯明けにも赤飯を近所に配り、さらにその後の宮参りでも社前に赤飯を供え、親戚らを招いて赤飯を振る舞った。生後一〇〇日目の食い初めでも祝膳に赤飯がつき、子に一粒でも必ず食べさせた。福岡県大木《おおき》町では、子が生まれると小豆を入れた枕を作り、生後一〇〇日のモモカの祝いには枕から取り出した小豆で赤飯を作って近隣に配った。

これらの事例で注意されるのは、いずれも赤飯が親戚や近隣に配られ、食されることで、このことはすでに『守貞謾稿』にも記されていた。安室知は、赤飯を、家を超えた社会性の高い行事で用いられる公的食物といい、故にそれを配布することは、当該家の事情を社会に周知させる行為であったという（安室　二〇〇四）。出産前後の儀礼に即せば、赤飯は、赤色が魔除けとして子の健やかな成長を促すと同時に、その子の存在を社会に認知させるため、さらには忌明《いみあ》け後の産婦が社会関係を再構築するために配られるといえよう。配布が何度も繰り返され、貰った側もその都度それを食するのは、不安定な母子の社会的立場を共食を通じてより確実に安定させるためであった。

出産に関連して、女性が初潮を迎えた時にも赤飯を炊いて近隣に配る習俗が広くみられる。併せて尾頭付きの鯛《たい》も用意されるように、血と赤飯の赤色を類感呪術的に結びつけた面もあろうが、同時に当該女性が子を産めるほどまで無事成長したこと、つまり一人前の大人になったことを周知し、新たな社会関係を構築する可能性を拓く意味もあった（新谷　二〇〇四）。

凶事と赤飯　ところで今日、赤飯は慶事の食物と考える人も多いのではないだろうか。先の『守貞謾稿』の記述もそうであったし、一七一二年（正徳二）序の『和漢三才図会』でも赤飯は慶事に用い、凶事には強飯や黒豆を加えた飯を用いるとされた。実際に葬式の際は、黒豆を用いた飯や、小豆の煮汁で着色しない強飯を作る地域も多く、長野県佐久《さく》地方などでは黒豆と糯米を蒸した強飯を御赤飯ならぬ御《お》黒飯《こくはん》と呼んだ。

しかしいっぽうで、江戸末期の『萩原随筆』には「京師《けいし》ニテハ吉事ニ白強飯ヲ用ヒ、凶事ニ赤飯ヲ用ル事民間ノ習慣ナリ」とあり、凶事にこそ赤飯を用いることが強調される。実際に葬式やその後の年忌供養などで赤飯を贈答する例も意外に多い。新潟県新発田《しばた》市では葬式に際して親類が赤飯を持ち寄ったし、福島県会津《あいづ》地方でも葬家に赤飯を贈答する習俗があり、これをオコワ見舞いといった。ただ、そこで用いられる赤飯は、胡麻《ごま》はかけず塩だけかけるなど、通常の赤飯との差別化を図る傾向の強かったことは注意される。秋田県横手《よこて》盆地一帯は、砂糖を入れた甘みの強い赤飯を食することが多いが、同県羽後《うご》町付近ではこれを通夜に限って作ったという。赤飯の味付けの違いで慶事と凶事を区別しているのである。葬式で赤飯を用いる習俗について板橋春夫は、葬式もまたハレの場にほかならず、近親者が忌に負けない力をつけるために赤飯は必要であったとし、それが後代に慶事の食物＝赤飯という認識が広がり、人々の「赤飯観」が変化した結果、葬式に赤飯を用いない傾向が強まったという（板橋　二〇〇九）。

加えて板橋は、赤飯が関係者の相互扶助に基づいて用いられる点にも言及する。偶発的に起こる葬式で関係者を結び付けて助け合いを促す食物として、赤飯は葬家に贈られ、また関係者にも配られるという（板橋　一九九五）。赤飯のもつ社会性は、葬式などの凶事にもいかんなく発揮されたのである。

年中行事と赤飯　このように赤飯には強力な呪力があり、その力は社会的な広がりの中で有効に発揮された。正月や盆などの年中行事で用いられる赤飯も、この文脈から解することができる。

初午には全国的に赤飯が登場する。初午は、豊作や商売繁盛などを稲荷神《いなりがみ》に祈願する、二月最初の午の日の行事である。各地の稲荷神社では境内に赤い幟《のぼり》が立ち、狐の好物とされる油揚げとともに赤飯が供えられる。北関東では、屋敷神に稲荷を祀る家が多く、シモツカレという大根おろしに酒粕《さけかす》、鮭の頭、野菜などを加えた独特の料理とともに、藁苞《わらづと》に入れた赤飯を供えた（図3）。

このほか静岡県袋井《ふくろい》市西同笠《にしどうり》の寄木《よりき》神社で一〇月半ばに行われるお櫃投げでは、神前に供えた後に投げ出された櫃に入った赤飯を氏子たちが奪い合い、これを食べると健康になるとされる。集落をあげて特色ある正月行事を行う三重県尾鷲《おわせ》市九鬼《くき》町では、行事を取り仕切るトウニンが一月二日にオゴクと呼ぶ赤飯を作って神前に供え、参詣者に配布する。群馬県片品《かたしな》村で旧暦九月の申《さる》の日に行われる収穫感謝の行事、猿祭《さるまつり》でも赤飯が登場する。花咲《はなさき》集落の武尊《ほたか》神社の猿追い祭では、集落を東と西に分けて当番が甘酒や赤飯を作って神前に供えて参詣者に配布するほか、当番が拝殿前に向き合って着座

図3　2月初午に稲荷神に供えられた赤飯とシモツカレ（栃木県芳賀郡市貝町田野辺）

し、「えっちょ」「もっちょ」といいながら杓文字《しゃもじ》で掬った赤飯を互いに投げ合う。

3 儀礼の中の小豆と糯米

小豆の役割　赤飯の着色には小豆《あずき》の煮汁を用いる。ぼた餅もまた煮た小豆で作った餡《あん》にくるむ。小豆は、煮て粒のまま餡にする場合と煮て漉《こ》して餡にする場合があり、ぼた餅には両方の餡が用いられる。

小豆は、東アジア原産とされる。縄文晩期の遺跡からも炭化した栽培種と思しき遺物が出土し、その古さと重要さがうかがわれる。『古事記』の神代、大宜津比売神《おおげつひめのかみ》の神話でも稲、粟《あわ》、麦、大豆と並んで五穀の一つとされ、その古さと重要さがうかがわれる。焼畑でも盛んに作られ、痩せた土地でも収量がある程度見込めるため、主に耕地の休閑直前に植えられた。例えば、山梨県早川町奈良田《ならだ》では二年目、岐阜県白川村付近では二ないし三年目、宮崎県椎葉《しいば》村では三ないし四年目に植えられ、翌年耕地は休閑された（図4）。

小豆に限らず豆には特別な力が宿るとされる。関東以北では、小豆は割れやすく切腹を連想させ縁起が悪いとして、赤飯にササゲ（大角豆）を用いる土地もある。先に触れたように、黒豆を入れた強飯《こわめし》をハレの場で用いる地域も少なくない。ぼた餅でも大豆や枝豆を加工した黄な粉《きなこ》やずんだを用いる土地もある。したがって、小豆に限らず豆類全般がハレの場で重要な役割をもち、それが大局的に小豆に収斂されていった可能性が高い（野村　二〇〇四）。その要因について、野本寛一は焼畑における赤色崇拝が潜入継続したといい（野本　一九八四）、橘礼吉は焼畑における作物としての小豆の逞《たくま》しさに由来するという（橘　一九九五）。いずれも焼畑との関係を強調するが、柳田国男《やなぎたくにお》は赤色の呪力に形の美しさも手伝って小豆が大豆に取って代わったという（柳田　一九四〇）。そして、その背景には物《もの》

図４　小豆の野生種(左)と栽培種(右)

忌《い》みの日と常の日を区別させる意味があったと指摘し、隔離すべき厄神《やくじん》などを異界へ返す機能ももっていたという。つまり、日常と非日常、この世界と異界とを切り分け、その境目を印象付ける「境界の食物」が小豆であり（柳田　一九四九）、その登場で非日常の場が明示されるというのである（盛永他編　一九六九）。

小豆と糯米の出会い　小豆を食する機会をみていくと、赤飯やぼた餅以外にも、正月の小豆餅や雑煮、小正月の小豆粥《あずきがゆ》、盆の小豆団子や饅頭《まんじゅう》など、いずれもハレの場で、しかも餅や米とセットで用いられることがわかる。茨城県取手《とりで》市には小豆餡を単に乗せただけの強飯がある。ぼた飯と呼ばれ、産後三日目に産婦がこれを食べると乳の出が良くなるという。柳田は、小豆を食べる日と餅を食べる日は元々別であったが、儀礼食として展開する中で結

びついたといい（柳田　一九四〇）、安室も「日本ほどアズキを儀礼食として重視するところはない」と述べたうえで、小豆と米が出会うことで「民俗的な意義や必要度が高まった」と指摘している（安室　二〇〇四）。

小豆などの豆類と米や餅は、どちらも儀礼食として重要であり、両者が出会って結び付くことで儀礼食としての重要度がより増大したといえよう。赤飯やぼた餅は、そうした出会いの典型であった。このように考えると、正月の鏡餅に小豆餡をつけたり、単に小豆をのせたり、あるいは小豆餡の汁に餅を入れた雑煮を食したりといった、一見奇異にもみえる食習もこうした出会いの一つの「演出」であったと解せよう。

4　ぼた餅

ぼた餅の歴史　ぼた餅の名称については、季節の花になぞらえて春に作ったものをボタモチ、秋に作ったものをオハギと呼び、それぞれ「牡丹餅」「御萩」と表記する説もあるが、一説に過ぎない。広島県福山市山野町では、小豆餡《あずきあん》をつけたときはボタモチ、黄な粉《きこ》をつけたときはオハギと呼んだ。また、杵《きね》で搗《つ》いた餅のように粒がなくなるほど潰さないので「半殺し」、調理の際に杵で搗く音が出ないので「隣知らず」などと呼ぶ土地もあり、古くはカイモチとも呼ばれた。

ぼた餅については、すでに鎌倉前期の説話集『宇治拾遺物語《うじしゅういものがたり》』「児のそら寝」に比叡山《ひえいざん》の僧が「かひもち」を作るくだりがあるが、今日のぼた餅とは異なるという説もあり、その起源ははっきりしない。しかし、江戸中期の『和漢三才図会《わかんさんさいずえ》』（一七一二年〈正徳二〉序）になると、今日でいうぼた餅の記載があり、『守貞謾稿《もりさだまんこう》』でも彼岸《ひがん》に作られると記される。ただいっぽうで、一七三四年（享保一九）刊の『本朝世事談綺《ほんちょうせじだんき》』では、客に供すべきでない食物ともされており、地域により多様な用いられ方をしていたと推測される。先にも触れた『民間伝承』一五巻一号の特集からぼた餅を用いる機会を取り出すと、コト八日《ようか》、春の彼岸、端午《たんご》の節供《せっく》、田植え始め、七夕、盆、十三夜、十五夜、秋の彼岸、十日夜、亥《い》の子《こ》、刈り上げなどの年中行事のほか、葬式や年忌供養、庚申講《こうしんこう》や神明講《しんめい》などがあり、ぼた餅もまた多様なハレの場で用いられてきたことがわかる。

ぼた餅は、蒸した糯米《もちごめ》をすり潰してやや餅状にする。米粒を残しつつ餅状にした状態は、オコワ祭りやツツコ引きで食された強飯《こわめし》にも通じる。「力餅というとき、力の根源はかねて米にあっ」たというぽうで、「飯が近世のやうな『かたかゆ』になつてしまふまでは、『いひ』と『もちいひ』との距離は遠くはなかつた」ともいうように（柳田 一九四〇）、米の力に加えて粘性にも重要な意味があったようである。飯を多少とも粘性を出して食す例は多い。握り飯を餅で包んだものや、強飯を餅で包んだものを正月に食べたり、小正月の小豆粥《あずきがゆ》に餅を入れて食べたりするのは一例で、それらを力餅と呼ぶ土地もある。粘性は、米の力をより増大させるものとして、ぼた餅にも欠かせなかったとも考えられよう。

ぼた餅の呪力と社会性　ぼた餅の用いられる場をみると、赤飯と同様、祓ったり供養したりする力を認めることができる。長野県南部、天竜川上流の伊那谷《いなだに》では、二月八日のコト八日に念仏を唱えて厄除けや無病息災を祈願するとともに、コトボタモチ、コトボタなどと呼ぶぼた餅を作って食べ、床の間にも供える。また、広島県福山市山野町では、旧暦一二月一日の川浸《かわびた》りの朔日《ついたち》に、ぼた餅を作って仏壇に供えてから食べたほか、ぼた餅を膝に塗ると、川に落ちない、足腰が丈夫になるなどともいった。

年中行事の中で、ぼた餅が広く用いられるのは、秋の亥の子と春秋の彼岸である。亥の子は、旧暦一〇月の初亥の日に行う収穫感謝の行事である。子供が各家を訪問し、縄を何本かつけた丸石を皆で持ち上げて地面に叩きつけたり、一人ずつ藁《わら》で作った棒状のものを手にして地面を叩く。各家では、亥の子餅などと呼ぶぼた餅を作って供えたり食べたりする。京都府南丹市園部町船岡《なんたんそのべふなおか》では、一一月の初亥の日に亥の子を行う。子供が各家を訪問し、「亥の子のぼた餅祝いましょう、倉に千石万石積むように、この家繁盛するように、亥の子のぼた餅祝いましょう」と唱えながら、手にした藁製の棒「亥《い》の子槌《こづち》」を威勢よく地面に叩きつける。各家では、子供に祝儀《しゅうぎ》や菓子をあげ、ぼた餅を農具に供える。

彼岸は、春分と秋分の前後三日間、寺院で法要（彼岸会《ひがんえ》）の行われる期間をいう。民間では中日《ちゅうにち》に先祖供養のためぼた餅を仏壇や墓に供えることが多い。山形県新庄市下金沢《しんじょうしもかねざわ》の接引寺《しょういんじ》にある、まかどの地蔵《じぞう》は、一七五五年(宝暦五)の凶作の餓死者を供養した地蔵で、春秋の彼岸の中日には人々が地蔵の口元にぼた餅を塗り付ける。

東京都杉並区の長延寺《ちょうえんじ》境内にもぼた餅地蔵があり、ぼた餅を供えると産婦の乳の出が良くなり、子が健やかに育つとされる。その昔、桶屋《おけ》が願掛けして子を授かったが、産婦の肥立ちが悪く、再度願掛けすると小僧に姿を変えた地蔵がぼた餅をくれ、それを食べた産婦は回復し、その乳を飲んだ子も健やかに成長したと伝えられる(図5)。

図5　長延寺のぼた餅地蔵(東京都杉並区)

ぼた餅が子の誕生・成長に関わる事例も赤飯と同様に多い。帯祝いでぼた餅を食べる地域が広くみられるほか、千葉県や茨城県などでは、産婦の乳の出が良くなるように子が生まれて三日目に、みつめのぼた餅と呼ぶ大きなぼた餅を作って産婦に食べさせる。富山県氷見《ひみ》市では、初誕生の際、婚家で大きなぼた餅を作り、

図6　ボタモチ祭の準備（新潟県村上市、村上市教育委員会提供）

紙に包んで子供の尻や足に打ち付けた後、近所に配った。こうしたぼた餅の入った重箱を返す際は、洗わずに隅に餡や飯粒を残すことが多く、洗って返すと仲違いになるという土地もあった。ぼた餅もまた、配られ、食され、返されることで社会関係を強化する機能をもっていた。

人々に力を与えつつ、社会関係を強化する食物であるぼた餅を積極的に用いたのが、新潟県村上市の中浜《なかはま》や岩石《がんじき》などで行われるボタモチ祭りである。年末の収穫感謝の行事で、人々が神社に集まって共同でぼた餅を作り、お籠りして一夜を明かす。ぼた餅は、お供え用、お祝い用、食用の三種あり、お供え用は神社に供えられ、お祝い用は新婚や新築の家などに贈られる。また食用は、その場に居合わせた新婚や婿《むこ》入りの者にたくさん食べさせるほか、各自で持ち帰って家族で食べる（図6）。

5　儀礼食としての意味

多様な赤飯とぼた餅　赤飯とぼた餅は同じような機能をもつため、同じような場で用いられることが多い。田植え後のサナブリや盆、刈り上げなどでは、赤飯を食べる地域もあれば、ぼた餅を食べる地域も多く、中には赤飯とぼた餅を併用する土地まである。大分県津久見《つくみ》市保戸島《ほとじま》では盆に赤飯とぼた餅の双方を作ったし、埼玉県加須《かぞ》市志多見《しだみ》でも八月二三日の地蔵盆《じぞうぼん》には、各家がぼた餅や赤飯をもって集まり、地蔵に供えた後、両者に区別なく交換しあって持ち帰って食べる。冒頭の花咲爺の子犬も赤飯とぼた餅の双方を食べて大きくなった。

加えて、赤飯やぼた餅自体にもさまざまなバリエーションがあった。一口に赤飯といっても、糯米《もちごめ》と粳米《うるちまい》を半々に用いても赤飯と呼ぶ地域もあり、岩手県北部の赤飯は、小豆《あずき》の煮汁を使わずに糯米を蒸して少々の砂糖を加えて胡麻《ごま》をかけた。福井県大野市付近の赤飯は、煮た里芋や小豆といっしょに糯米を蒸したもので、祭礼の贈答に用いられる。新潟県長岡市付近でも赤飯といえば、小豆と糯米を蒸した後に醤油《しょうゆ》を絡めたもので、醤油赤飯ともいって慶事で用いられた。

ぼた餅もまた、糯米と粳米を半々に用いる地域も多く、小豆餡《あずきあん》のほか、黄《き》な粉《こ》やずんだでくるむ場合も少なくない。さらには、握り飯に小豆餡をかけたものや、搗《つ》いた餅に小豆餡をかけたものをぼた

図7　ニソの杜に供えられた赤飯（福井県おおい町、新谷尚紀撮影）

餅と呼ぶ土地までみられる。

そうした中で赤飯と半ば混同されてきたのが小豆飯である。小豆飯とは小豆の煮汁で小豆と粳米を炊いたもので、さまざまな儀礼や行事で用いられてきた。安室知が、赤飯は社会性の高い行事で用いられ、小豆飯は私的で当該家に限定される行事で用いられたと指摘するように、両者は本来的には区別されたようである（安室　二〇〇四）。しかしいっぽうで、赤飯と小豆飯の区別が曖昧な例も多い。青森県津軽《つがる》地方では赤飯を小豆飯と呼んでおり、その逆の土地もある。加えて調理面でも、小豆飯の方が赤飯より手間がかからないため、赤飯の代わりに小豆飯を用いたという土地も多い。逆に福井県おおい町のニソの杜《もり》の祭祀では、元は小豆飯を供えたが、近年はスーパーで購入できる赤飯を供えることが多くなっている（図7）。赤飯と小豆飯が混同される必然は常にあった。

赤飯とぼた餅の今　最後に赤飯とぼた餅の儀礼食としての意味を振り返りつつ、近代以降の展開をみておこう。赤飯もぼた餅もハレの場で作られ、供えられ、そして食べられてきた儀礼食である。用いられる場は多様で、島根県隠岐《おき》の島などでは慶事で餅を搗かない時は必ず赤飯かぼた餅を作ったという。

赤飯やぼた餅が儀礼食とされた背景には、主原料を粘性の強い糯米とし、蒸すことで粘性を高め、米のもつ力を増大させた点があり、その力は小豆などの豆類と出会うことでさらに増幅された。赤飯もぼた餅も、災厄を祓う力、忌《いみ》に負けない力、御霊《ごりよう》を供養し、さらにはカミへと転換する力などを発揮し、また配布、食されることで社会関係の再構築や強化ももたらした。

今日、赤飯やぼた餅は、できあがったものが商品としてスーパーなどで日常的に売られている。最近はレトルトの赤飯も販売され、コンビニでは赤飯のおにぎりも目にする。

赤飯やぼた餅の日常化は、いうまでもなく明治以降に展開した。その要因の一つには小豆に砂糖が結びついたことがある。甘い小豆餡は、砂糖の輸入増加によって庶民の砂糖利用の機会の拡大した明治以降に普及した。それまでは柿の皮などを用いて若干甘味をつけることはあったが、基本的には小豆餡は塩味であった。小豆と砂糖は、江戸期の菓子屋で出会った。砂糖を手に入れた商人が甘い小豆餡を作るようになったのである（柳田　一九四九）。板橋春夫は、群馬県の事例として、かつて葬式では念仏玉と称する赤飯のおにぎりを用いたが、幕末から徐々に菓子屋の作る饅頭に変わったと指摘する（板橋　一九九五）。板橋は、砂糖を大量に用いて力をつけたと解するが、そこには人々の甘味への嗜好もあったはずである（柳田　一九三一）。赤飯やぼた餅の和菓子化は、その日常化を促したが、皮肉にも他の菓子に取って代わられる条件も整えた。富山県では一二月八日のコト八日《ようか》をハリセーボといい、嫁の実家がぼた餅を作って婚家に贈り、婚家もそれを近隣に配る習俗があるが、現在、ぼた餅の代わりに菓子屋の大福を購入・贈答することが多い。

赤飯やぼた餅の日常化のもう一つの要因は、栄養学や家政学などに基づく料理の普及である。象徴的なのは、北海道を中心にみられる赤飯である。それは蒸した糯米に甘納豆を加えて食紅で色を付けた「赤飯」で、昭和二〇年代に、北海道札幌市の光塩《こうえん》学園女子短期大学の南部《なんぶ》明子《あきこ》が考案し、調理講習会などで紹介されて広まった。ハレの場と無関係に赤飯を作る機会が提供されたのである。この傾向は、料理本での簡易な調理法の普及につながる。粳米と小豆を炊飯器で炊き込む「赤飯」などもその延長にあるだろう。

いっぽうで赤飯やぼた餅が日常的に手に入るとはいえ、実際食するのは入学式や卒業式、彼岸など何か特別な日と意識する人も未だ多いのではないだろうか。赤飯やぼた餅を主食として毎日食する人は少ないだろう。人生や生活の節目で赤飯やぼた餅を食べる慣習は、今なお根強く残っており、スーパーなどでの日常的な販売は、家ごとに多様化した節目に対応した販売形態とみるべきなのかもしれない。

この点は「何はともあれ、めでたい時は赤飯、ぼた餅」という意識を画一的に拡大させているともいえる。福島県相馬《そうま》地方にみられた、蒸した糯米に小豆を混ぜて搗いたアカアカモチや、先に触れた秋田県横手《よこて》盆地の甘い赤飯のような地域性豊かな儀礼食は駆逐され、スーパーの出来合いの赤飯やぼた餅に取って代わられつつある。新潟県長岡市付近でも餅菓子屋で醤油赤飯が売られる一方で、スーパーでは通常の赤飯も売られている。今や赤飯は醤油赤飯より安く、手っ取り早く調達できる儀礼食となりつつある。

赤飯やぼた餅の今をみると現代の食文化における儀礼食の一面がみえる。すなわち、その供給が日常化し、呪力や社会性が具体的に意識されにくくなる一方で、「めでたい時の食物」という単純なイメージだけは維持され、ある面で汎用性すら高めているという、逆方向のベクトルの働く状況である。

参考文献

板橋春夫　一九九五年『葬式と赤飯』煥乎堂
小川直之　二〇〇九年『叢書・いのちの民俗学2　長寿』社会評論社
金田久璋　一九九五年『摘田稲作の民俗学的研究』岩田書院
阪本寧男　二〇一六年「マレビト―来訪神をめぐる現代的課題―」『PO』一六一号
新谷尚紀　一九八九年『モチの文化誌』中公新書
橘　礼吉　一九八七年『ケガレからカミへ』木耳社
　　　　　二〇〇四年『日本の「行事」と「食」のしきたり』青春出版社
　　　　　一九九五年『白山麓の焼畑農耕』白水社

田中宣一　一九九五年「御馳走と食文化」田中宣一・松崎憲三編『食の昭和文化史』おうふう
坪井洋文　一九七九年『イモと日本人』未来社
長沢利明　二〇〇四年「赤米とその呪力」『和菓子』一一号
野村みつる　二〇〇四年「産育習俗における儀礼食と食物禁忌」国学院大学日本文化研究所編『東アジアにみる食とこころ』おうふう
野本寛一　一九八四年『焼畑民俗文化論』雄山閣出版
盛永俊太郎他編　一九六九年『稲の日本史』筑摩叢書
安室　知　一九九九年『餅と日本人』雄山閣出版
二〇〇四年「アズキとコメの儀礼食―赤飯と小豆飯の類似と相異―」『和菓子』一一号
柳田国男　一九三七年「昔話覚書」『文学』五巻三号（のち一九六三年「花咲爺」『定本柳田国男集　第六巻』筑摩書房）
一九四〇年『食物と心臓』創元社（のち一九六二年『定本柳田国男集　第一四巻』筑摩書房）
一九四二年「小豆の話」『スキート』昭和一七年四月号（同前）
一九四九年「小豆を喰べる日」『民間伝承』一三巻九号（のち一九六三年『定本柳田国男集　第一三巻』筑摩書房）

餅——その多様性——

小川直之

1　「餅」の文化研究

「餅」研究の課題　日本では「餅」といえば、多くの人が糯米《もちごめ》を蒸して臼《うす》と杵《きね》で搗《つ》いたものと考えているが、実は国内で「モチ」と呼ばれる食べものを調べていくと、それはきわめて多様な内容をもっているのがわかる。このことは後で具体的に述べるが、多様な「モチ」に共通するのは、いずれも粘性が強い食品であり、日常食というより祭礼や行事などに伴う儀礼食―ハレの食べものである場合が多いことである。

こうした「餅」に関する研究は、民俗学や文化人類学、農学、地理学、家政学など、さまざまな分野から進められてきたが、その内容にはおおよそ三つの方向性があったといえる。第一の方向は日本文化論としての「餅」論である。これには二つの視点があって、その一つは日本文化の系譜を論ずるときに「餅」を指標とする視点、もう一つは日本文化に内包されている重層性あるいは複合性を論ずるときに「餅」を論点とする餅文化論である。二つ目の方向は、餅という食べものが祭りや行事などの儀礼食や供物《くもつ》となったり、贈答品となったりしていることから、餅がもつ精神性や社会性の検証である。そして三つ目の方向は、「餅」とは何かという、その材料や製法などから「餅」そのものの実態を明らかにしようという研究である。もちろんこれら三つの課題は単独で存在するのではなく、相互に関連しながら研究が進められてきた。

モチ文化の系譜　「餅」を視点や論点とする日本文化の系譜論や重層・複合論としては、まず中尾佐助の農耕文化論があげられる。中尾は世界の農耕文化類型を五つの地域類型に分け、それぞれがいくつかの農耕法を複合してもつとともに、複数の特徴的な文化要素をもつことを示した。そして、その一つに「西はヒマラヤ南面の中腹から、シナ南部、日本本州南半部にわたる地域」には「照葉樹林文化」と総称できる文化複合地域があることを指摘した（中尾　一九六六）。いわゆる照葉樹林文化論の提唱で、照葉樹林が卓越する先の地域には茶と絹と漆《うるし》、柑橘《かんきつ》とシソ、麴《こうじ》による酒づくりなどの文化が近似した姿で存在することを明らかにした。いくつかの文化要素が複合しながら独自の文化類型を形成するという文化論は、これ以前に岡正雄による日本民族の文化形成論があった。岡は五つの種族文化複合論を提示するが（岡　一九五八）、中尾の照葉樹林文化論は、より現実の身近な文化と結びつ

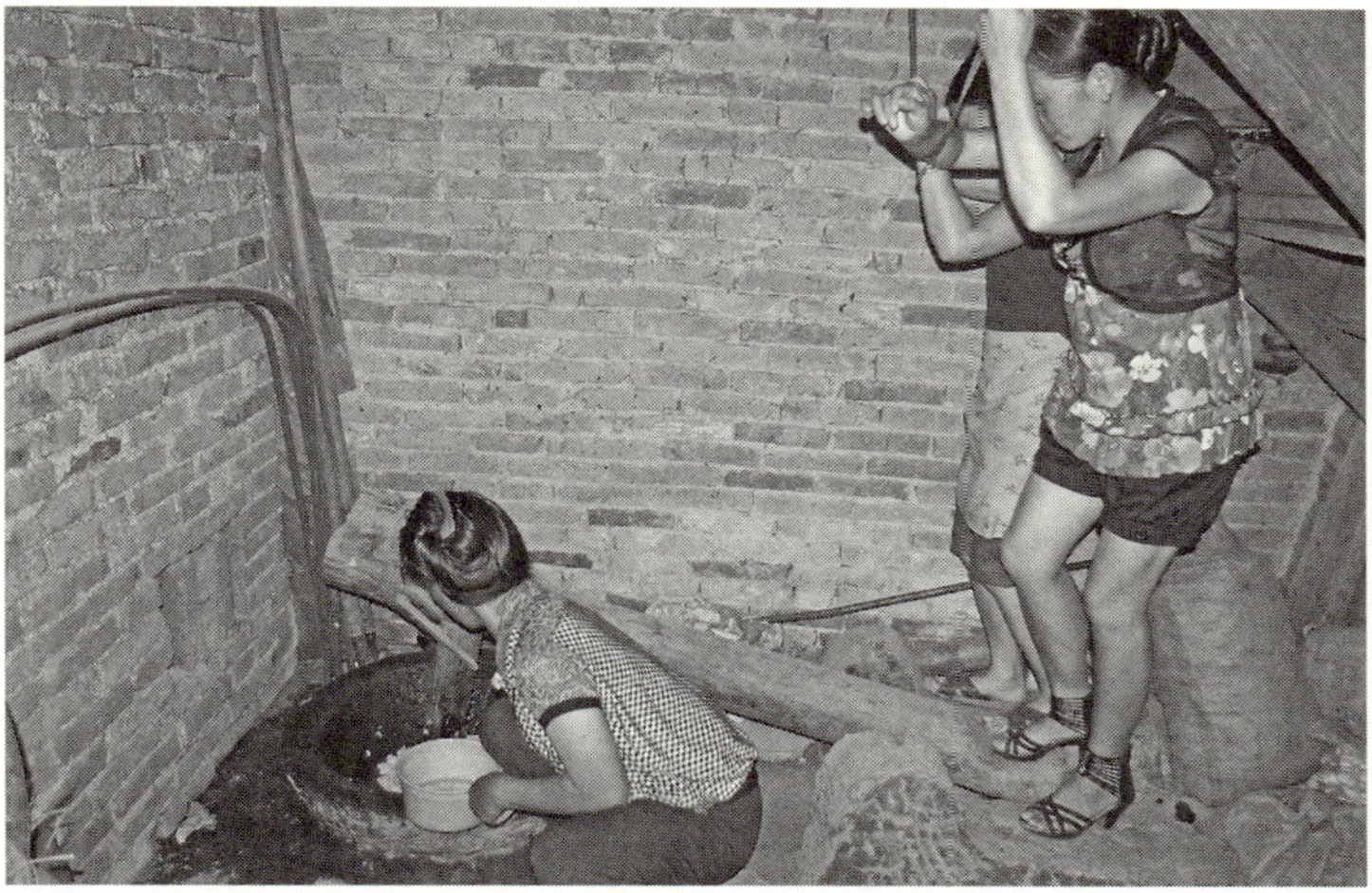

図１　踏み臼で餅を搗く（中国貴州省黎平県岩洞鎮、2010年８月撮影）

図２　餅に黄粉をまぶす（同前）

いてセンセーショナルなものとして受け止められ、この理論をめぐって昭和四〇年代半ばから日本文化の系譜論が活発に行われるようになった。

中尾の照葉樹林文化論を支持し、多くの文化事象を結びつけながら積極的な理論展開を図ったのが焼畑農耕を中心に文化研究を進めていた佐々木高明で、その著書『稲作以前』は、人文系の研究分野

図3　穂摘みにして保存するモチイネ（貴州省黎平県岩洞、2006年12月撮影）

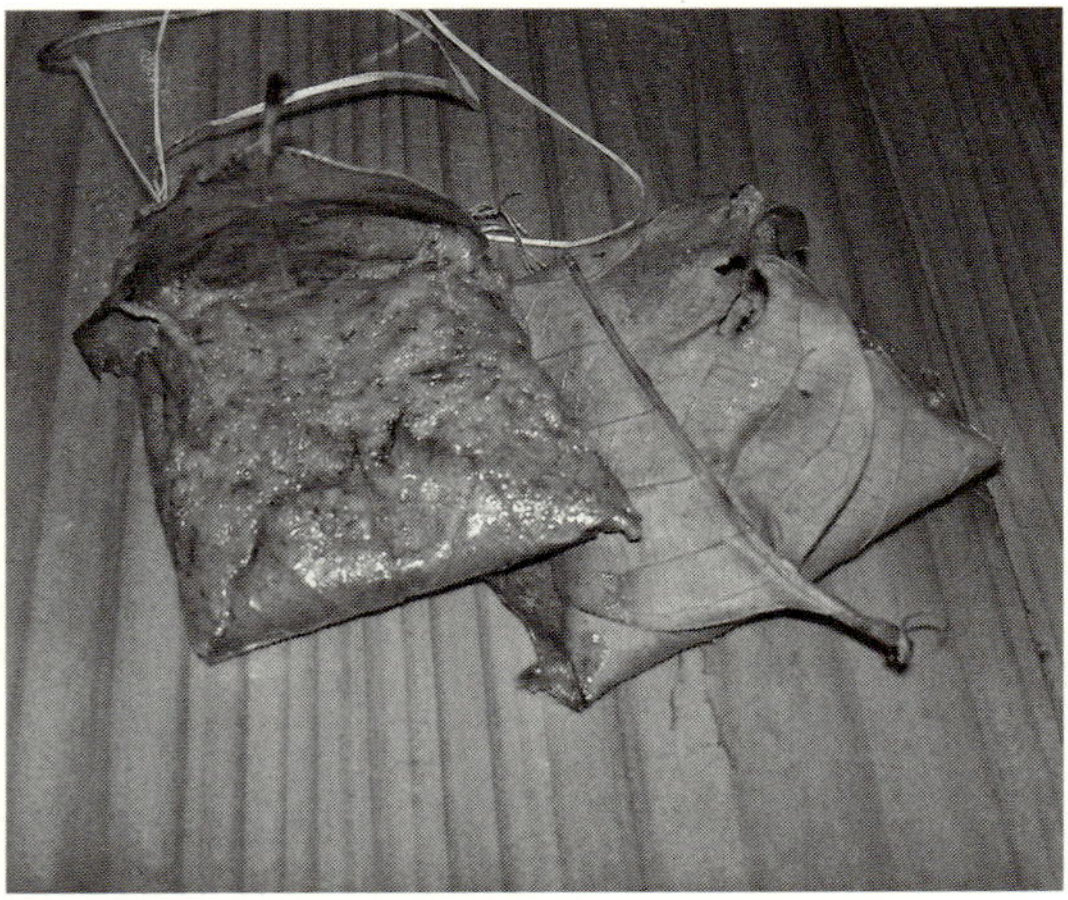

図4　糯米の粽（同前）

に幅広く影響を与えた。佐々木は中尾の理論を敷衍《ふえん》し、「照葉樹林焼畑農耕文化」が稲作以前に日本列島に存在し、それは里芋などの根菜類や雑穀を栽培し、山の神を祀りながら狩猟・採集によって生活を維持した文化であるという（佐々木 一九七一）。その後、佐々木は照葉樹林文化を構成する具体的な文化の検出を進め、中尾が指摘するもの以外に納豆のような大豆の発酵食品、里芋や山の芋などを用いた粘性の強い食品、おこわや粽《ちまき》、そして餅といった糯米などのモチ種の穀物で作る食べものも照葉樹林文化を構成する文化であるという（佐々木 一九八二）。そして、佐々木は照葉樹林文化論の全体像を描き直すなかで、日本のモチ文化はヒマラヤ南部から中国南部、台湾、琉球《りゅうきゅう》列島を経て日本の西日本の領域に広がる照葉樹林文化の特色の一つと位置づけられるとし、インドのアッサム地方から中国の雲南《うんなん》省・貴州《きしゅう》省にかけての東亜半月弧の領域を、この文化のセンターと措定することで日本文化の系譜を検討している（佐々木 二〇〇七）。

照葉樹林文化論は稲作文化の系譜論とも密接にかかわる壮大な理論であるが、モチイネを積極的に作り、糯米を主食とする地域は、渡部忠世によれば、東南アジアのラオスからタイの北部・東北部と雲南省最南部が中心であり、この地域では主食の一〇〇%近くが糯米であるという（渡部・深澤 一九九八）。そして、深澤小百合によれば日本の餅同様の搗《つ》き餅を糯米で作り、食べるのは、中国西南部の雲南省・貴州省・広西壮《こうせいチワン》族自治区などやミャンマーで、ラオスやタイなどの糯米主食圏は、いわゆる強飯《こわめし》（おこわ）にして食べるのが一般的である。阪本寧男は、「モチ」文化圏を図5のように示し

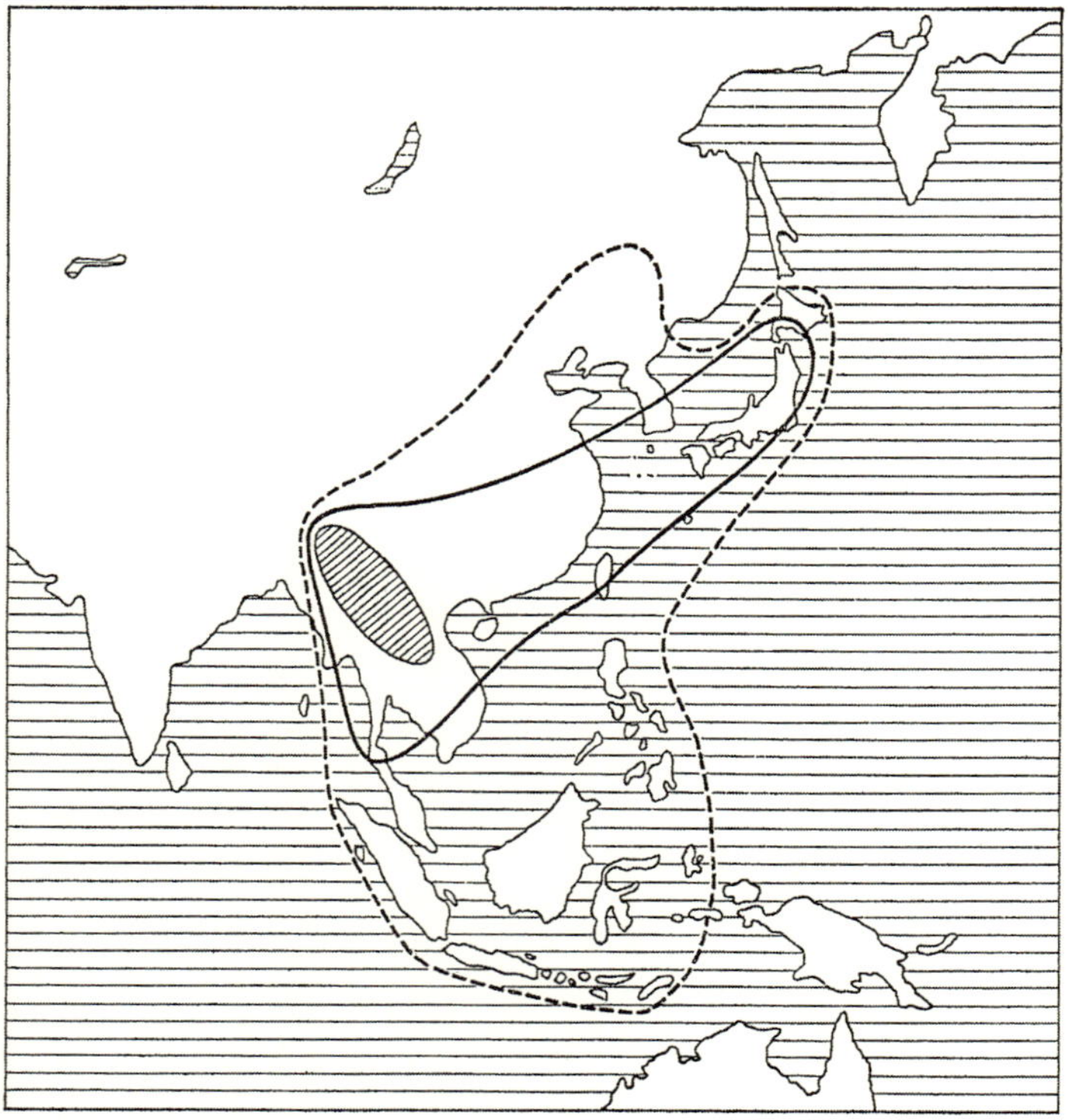

斜線の部分：モチの文化起源センター
実線の部分：モチ文化が顕著にみられた地域
点線の部分：モチ性穀類の分布圏

図５　「モチ」文化圏（阪本寧男　1989年『モチの文化誌』より転載）　モチ性穀類の文化はこの地域のみに成立しているという。

ていて（阪本　一九八九）、糯米の搗き餅圏は、日本文化の系譜を論ずる照葉樹林文化の東亜半月弧と一部は重なるものの、アジアでの糯米主食圏と餅文化の広がりとには差もあって、両者の関係性については、まだ明らかになっていないのが現状である。

「餅なし正月」をどう考えるか　照葉樹林文化を特徴づける農耕や食文化として存在するのが、先に述べた里芋の文化である。この見解と強い結びつきをもっているのが、坪井洋文による「餅なし正月」の研究である。坪井は中尾佐助や佐々木高明らによる照葉樹林文化論の進展期に、正月に餅を食べることを禁忌とする伝承を取り上げる。一方では正月などの儀礼食に里芋が多用されていることから、坪井は、日本には水田稲作以前に里芋を中心とする畑作文化が存在し、そして、後に日本列島へ稲作が伝来し、それが広まるなかで稲作の象徴ともいえる餅を拒否する「餅なし正月」の習俗が成立したという仮説を立てる（坪井　一九七九）。さらにこうしたことから、畑作文化と稲作文化の衝突や稲作の受容による民俗文化の形成を論じ（坪井　一九八二）、民俗研究に必要となる多元的世界への視点を提示する（坪井　一九八六）。この坪井の研究が、餅文化を視点とする日本文化の重層性や複合性の研究の一つである。

坪井は「餅なし正月」を成立させる原理を稲作以前の畑作文化に求めているのであるが、この見解に異を唱えているのが安室知である。安室は「餅なし正月」の伝承は、暦法の受容によって正月という時間観念が確定し、正月の儀礼食として雑煮が成立してから近世後期に形成されたもので、餅正月を基盤にしている。具体的には、歴史過程で公的に進んだ稲作と米の価値の絶対化と、庶民生活の実態とのギャップによって「餅なし正月」が生まれたと主張している（安室　一九九九）。

坪井洋文と安室知の「餅なし正月」に対する解釈は、稲作文化の拡がりの中で正月の儀礼食としての餅を受容しなかったということでは一致しているのであるが、儀礼食としての餅の普及がいつ進んだのかの見解が異なっている。日本での餅の歴史は、どのような餅であるのかは不明だが、奈良時代の『豊後国風土記《ぶんごのくにふどき》』の総記には、北から飛来した白鳥《しらとり》を見に行ったら、その鳥が「餅《もちひ》」に姿をかえ、さらに瞬く間に餅が里芋数千株になって花が咲き葉も茂って栄えたとある。ここでは白鳥と餅、里芋が同位の存在として転換しているのであるが、白鳥として降臨する神から餅へ、そして餅から里芋への転換は、日本文化の古層を考える上でも重要な伝説と考えられる。白鳥と餅の伝説は、同じく『豊後国風土記』の速見《はやみ》郡の条には長者が奢って「餅《もちひ》」を弓射の的にしたところ、餅は白鳥になって南に飛び去り、長者は没落したという伝説がある。飛来する白鳥は、他の風土記でも神の表象となっている例があり、これは穀霊と考えられているが（小島　一九七〇）、これら白鳥と餅の記載からは、餅が何らかの儀礼食となっていたことは十分に予測できる。

また、七五七年（天平宝字元）に施行された養老律令《ようろうりつりょう》の「職員令《しきいんりょう》」の「大膳職《だいぜんしき》」には「雑餅《くさぐさのもちい》」を米や小麦の粉で作ることがある。これは現在一般的な「餅」とは異なるが、「餅」が古代には存在したことは確かである。正月の餅は、『源氏物語』初音巻に歯固《はがた》めの祝いに「もちゐ」を使っていることがあり、平安時代まで遡ることができる。庶民レベルでの正月の餅については、たとえば現在の東京都世田谷区の大場家に残る一八〇九年（文化六）『家例年中行事《かれいねんじゅうぎょうじ》』では、正月三が日朝の「雑煮」は味噌《みそ》仕立てで具は里芋と大根だけで、餅は別に食べている。四日からは雑煮に餅を入れて食べており、歯固めの餅が後に雑煮と一緒になったとも考えられ、雑煮に当初から餅が入っていたかどうかは今後の研究課題となる（小川　二〇〇三）。

正月の儀礼食として里芋を重視する伝承は各地で確認でき、餅と里芋、「餅なし正月」は日本文化がもつ重層性や複合性を捉えていく指標の一つとなることは確かである。

餅の精神性　餅が儀礼食や贈答品などとなることから、その精神性の研究は多く行われている。精神性というのは、前項にあげた『豊後国風土記』にある餅と白鳥との転換から、これらが穀霊（稲《いな》魂《だま》）表象であったとか、『源氏物語』にあるように年初の「歯固め祝い」に用いるなど、餅は単なる食品ではなく、特別な意味づけが存在するということである。

この意味づけに早くに着目したのが柳田国男《やなぎたくにお》である。柳田は一九三二年（昭和七）一月に発表した「食物と心臓」で、ハレの時の餅を取り上げ、「餅の食物としての特殊性の一つは、容易に好みの形を指定し得ることではなかったかと思う」として、正月の鏡餅を供えるのに重ねて真ん中を高くするかたちを、大晦日の年取りの晩に家の先祖へ供える三角形の握り飯である「ミタマの飯」、三月節供《せっく》の菱《ひし》餅、端午《たんご》節供の粽のかたちなどと対比しながら、餅の円錐形のかたちについて次のようにいう。

自分の想像を言ってみるならば、これは人間の心臓の形を、象どっていたものではないかというのである。食物が人の形体を作るものとすれば、最も重要なる食物が最も大切なる部分を、構成するであろうというのが古人の推理で、よってその信念を心強くするために、最初からその形を目途の方に近づけようとしていたのではないか。(柳田 一九三二)

そして、これに続けて「上の尖った三角形がいつも人生の大事を表徴しているように感じている」とか、今日の生理学では心臓が三角形でないことがわかっても、心臓の「形がやや円錐形であることを知って、特にこれを養わんとする食物を、なるだけその恰好に似せようとしたのも、単純なる人の願いであったろう」と説明している。

柳田はこの仮説に強い思い入れがあったようで、一九三五年(昭和一〇)八月刊の『郷土生活の研究法』の「食物」でも、菱餅や粽、柏餅の三角の形は心臓を象徴化したものであることをいい、一九四〇年四月に出す日本人の食文化に関する書冊の巻頭に先の論文を掲げ、さらに書名も『食物と心臓』とし、序の書き出しでも「餅はもと心臓の形を模したものだろうという説を立ててから、ちょうど満十年になる」という。

この仮説を考える問い立ての原点は、何故、ミタマの飯の握り飯を三角とし、鏡餅を中高にしないと正月のような気がしないのか、ということにあるが、論文「食物と心臓」では、餅は有形文化で比較的変化のないものであり、儀式の折ばかりの食物となっていることを説明し、全国を通じて餅はいつ、何のために搗き、その用途とこれに付随する禁忌と条件、形状と分配法の比較研究の必要性を訴えている。

仮説では、鏡餅などのかたちは心臓を象ったことから、さらに日本人の個人意識の発育は、餅から跡付けられるとして、「餅だけはその形態により、また保存の許される事情から、すでに個々の所有と自由処分があったのである。最も厳粛なるパトリヤ・ポデスタスの下においても、各人はなお正式に自分の心臓の食物を、摂取することができたのであった」（柳田　一九三二）と指摘する。家父長権(Patria Potestas)が厳格にあるなかにも、年越や端午などには家族銘々に餅が配られ、この餅は個人所有のものであることに注目している。そして、宮崎県椎葉《しいば》村では猪狩りの分け前をタマスといい、沖縄県国頭《くにがみ》地方では子どもたちに配分する食物をタマシと呼ぶことから、霊魂のタマシイと個人私有のものをいうタマス・タマシとは、その根源は一つであることを推測している。

柳田の「餅」論については、そのかたちは心臓を象ったというだけではなく、実はその先があって、個々人に分配された餅がその人のものとなることは、個々の霊魂が平等に存立することを表し、こうした餅は個人主義の表象であるという。「個」の確立は、近代の海外文化との接触によって行われたのではなく、「餅」の配分とその個人所有意識を基盤として進むというのである。まさに慧眼であり、鏡餅のような丸餅が個の霊魂の表象であるという理解は、この考え方の延長線上に出てくるのである。

「餅」がもつ精神性について柳田は、一九三六年一月の「餅なおらい」で、古くは日没が一日の始まりだったので、大晦日の年越の膳《ぜん》が新年の神祭りの膳であり、この後、元日の朝に神に供えたものを下ろして直会《なおらい》として食べるのが雑煮であると説く（柳田　一九三六）。また、一九四〇年（昭和一五）三月の「米の力」では、「力餅」と呼ばれる「餅」について、各地の具体例をあげている。小正月の小豆粥《あずきがゆ》に入れる餅、正月に歳徳神《としとくじん》に供える餅、春に苗代にする田を耕すときの餅、六月朔日《ついたち》の餅、出産の臨月に食べる餅、一歳になる初誕生の祝いの餅、亡くなった人を送る出棺時に食べる餅など多くをあげ、「力餅」がさまざまな場面に登場することを明らかにしている。そして、これに類するものとして「力飯」があることを、これも例示しながら「力の根源はかねて米にあって、餅はたまたまこれを一人に集注して、心ざす方にさし進める形式であったことが、この握飯の例によって一段と明らかになるように思う」（柳田　一九四〇）と、力餅の元の姿とその根源がどこにあるのかを論じ、その証左として、たとえば産婦に出産直前あるいは直後に嚙ませるなどの「力米」伝承を示している。

「力餅」は、米の力を個人に授ける方式だったというのは、前述した餅は配分されて個人のものとなるという論理につながり、米から餅への変化に個人意識の伸長を見ているのであるが、米から餅への推移の間には、生米を水に漬けて柔らかくして搗いて作った「粢《しとぎ》」の存在を示している。粢は米を粉状にして練って成形でき、形が自在になる餅に近い存在だった。

米と餅の力　餅には特別な意味づけが行われてきたことは、柳田の論述によって明らかである。その意味づけは餅の精神性と括ることができるが、その後の民俗学は、柳田がいう米の力に淵源する餅の力について、さらに具体的に明らかにしてきた。たとえば野本寛一は、静岡県藤枝市の年末の「年とり餅」、宮崎県椎葉村の「トシネ」の餅、兵庫県や岡山県、鳥取県に見られる大晦日に餅を入れた「年桶《としおけ》」を床の間などに祭り、後にこの餅を家族で食べることなどから、これらの餅は「年霊《としだま》」であり、個々に与えられて食べることで力を得ている。また、滋賀県のオコナイの行事で作られる大きな丸餅はムラの構成員に分配することで、各人に生命力が与えられるとともに、ムラ人の紐帯が強められることなどを示している（野本　二〇〇五）。金田久璋もトシダマやトシノミ、トビと呼ばれる正月の餅によって「年魂」が与えられ、年齢を重ねることができたという（金田　二〇〇二）。

また、渡邊欣雄も饗宴と共食の意味を再検討し、餅や米などによって饗宴は「ちから」の発現、「ちから」の共有の場となっていることを確認しているが、これとは異なり、共食物そのものから「ちから」が得られるという論理ではない沖縄県与那国島《よなぐに》の葬儀の事例などもあげて検討している（渡邊　二〇一八）。

餅がもつ精神性について民俗学では、柳田が提示した餅による「力」の付与や獲得と、柳田が示唆した霊魂の表象としての餅という論理のなかで具体的な検証が行われてきたといえるが、餅が個人に分与されることが個人主義の伸長に関わってきたことと、「力」を顕すものが米から粢、そして餅へと変遷してきたことに関しては、これからの研究課題となっている。

2 「モチ」の種類と特性

江戸の餅 「餅」をめぐる研究の方向性として、最初に三つをあげ、第一と第二については従来の研究を振り返り、どのような研究があるのか、その成果にも触れながら概観してきたので、次には第三にあげた「餅」とは何かについて、その実態をみていくことにする。

現代では「モチ」といえば、糯米《もちごめ》を蒸して臼《うす》に入れて杵《きね》で搗《つ》いたものというのが一般的だが、おそらくこうした「モチ」の認識は都市から一般化したといえる。たとえば一八三八年（天保九）刊の『東都歳事記』によれば、江戸の町では一二月下旬になると「賃餅《ちんもち》」とか「引きずり」といって、依頼されて家々の餅を搗いてまわる人たちがいた。一二月二六日の条には「おほよそ市井の餅搗きは、餅搗く者四、五人づつ組み合ひて、竈《かまど》・蒸籠《せいろ》・臼・杵・薪《たきぎ》なにくれの物担ひありき、傭《やと》いて餅搗かする人、糯米を出だして渡せば、やがてその家の前にてむし立て、街中せましと搗きたつることいさましく、昼夜のわかちなし」とある。依頼者は材料の糯米を渡して餅を搗いてもらったのである。

しかし、一八〇九年（文化六）に大場家（現在の東京都世田谷区）の年中行事を記した『家例年中《かれいねんじゅう》行事《ぎょうじ》』（世田谷区教育委員会編　一九八六）によれば、大場家では正月用の餅を一二月二五日に自家で搗き、神仏に供える鏡餅は約六〇個、ほかに甲冑《かっちゅう》に供える具足《ぐそく》餅、家族銘々の鏡餅、親類に歳暮として贈る鏡餅と菱餅《ひし》、雑煮などにする食用の餅を揃えている。家族銘々の鏡餅というのが、先にあげた柳田国男《やなぎたくにお》がいう年越に家族に配られる餅であるが、食用の餅は糯米だけでなく、キビやモロコシの餅も搗いて、伸《の》し餅にしている。大場家は彦根《ひこね》藩世田谷領の代官を務めていた家であるが、農業も営んでいて、自家の田畑で収穫した糯米、キビ、モロコシを餅の材料にしており、餅といっても米の餅だけではなかった。

江戸の町では餅といえば糯米の餅ばかりであったようだが、江戸近郊の武蔵野《むさしの》の農村では代官家といえども家の食用には雑穀餅も搗いていた。このことからは、「モチ」といえば糯米の搗き餅という現在の「モチ」の認識は都市社会で形成されたことがうかがえる。大場家のように正月餅といえども雑穀餅も搗いたのは、江戸時代だけのことでなく、日本の大半の農山村ではアジア・太平洋戦争後まで、ごく普通のことであった。

高知県津野町の「モチ」 右にあげた餅はいずれもモチ性の穀物を材料にして、それを蒸して搗いた搗き餅であるが、「モチ」と呼ばれている食べものは、必ずしもこの方法で作ったものだけではなかった。たとえば高知県津野《つの》町北川《きたがわ》は、四国山地の四万十《しまんと》川の最上流部にあたる北川川の谷筋にある。北川・木桑《きそう》・宮谷《みやだに》・高野《たかの》などの集落が標高四五〇〜六〇〇《メートル》の間にあって、大半が山林地で山の緩斜面に畑や茶畑が拓かれ、水田は河川沿岸と宮谷に棚田があるだけである。宮谷の棚田は一五八八年（天正一六）の長曽我部《ちょうそかべ》の検地帳にもあって、少なくとも一六世紀まで遡れるが、こうした立地であったため戦後までキリハタと呼ぶ焼畑が行われていた。キリハタはヤブヤキといって八月の盆前に畑にする山を焼いた。広さは一反歩程度というのが一般的だったようで、盆過ぎから八月末までの間にソバの種を蒔《ま》いた。最初にソバを作るので焼畑はソバヤブとも呼ばれ、二ヶ月半ほどでソバを収穫すると、翌春にはトウモロコシであるヤマキビを蒔く。

かつてはキリハタではアワも作り、日常食では、アワなどの雑穀やキビ（トウモロコシ）の比重が高かった。戦後期までの日常食は「オキビの御飯」といい、米一合に粗く碾《ひ》き割ったオキビを一升混ぜて炊いて食べたとか、水田が多い家では米二合にオキビ一升の割合で混ぜて炊き、普段に大麦を混ぜた麦飯が食べられればいい方であったという。

雑穀食が中心だったのであるが、「モチ」の呼称をもつ食べものをあげると、ソバモチ、ハナゴモチ、キビモチ、タカキビモチ、コキビモチ、イリモチ、シバモチ、イモモチなど、多様な「モチ」が伝承されている。ソバモチはソバ粉を練って団子にして囲炉裏《いろり》の中で灰をかけて焼いたもの。ハナゴは石臼で碾いたキビの粉のことで、これを練って蒸し、臼で搗いてから団子のように丸めたものがハナゴモチ。キビモチは、キビの実を粗く碾いて糯米と混ぜて蒸して搗いた餅。タカキビは蜀黍《もろこし》、コキビは黍《きび》のことで、それぞれ糯米と混ぜて蒸し、臼で搗いてタカキビモチ、コキビモチにした。シバモチは田植え後のシツケヤスミ、八月の盆、秋のジンサイ（神祭）などに作ったもので、湯で練った小麦粉を丸めて伸して小豆餡《あずきあん》を包み、図6のようにサンキラ（サルトリイバラ）の葉で挟んで蒸したもの。

イモモチは、カライモ（甘藷《かんしょ》）の切干しを踏み臼で粉にし、これを水で練って団子状にし、伸して小豆餡をくるんで蒸したものである。

津野町北川では、糯米の搗き餅もあるが、年間を通して作られる「モチ」はこのように何種類もあって、その製法はキビモチ、タカキビモチ、コキビモチのように蒸した穀類の搗き餅のほか、ソバモチのように穀類の粉を練って丸めて焼いたもの、ハナゴモチのように粉を練って蒸して丸めたもの、シバモチやイモモチのように粉を練って伸し、餡をくるんで蒸したものがある。「モチ」は穀粒を蒸して搗いたものだけではなく、いく通りもの作り方があったのがわかる。

図６　シバモチを蒸す（高知県津野町北川〈高野〉）

岐阜県下呂市萩原町の「モチ」　もう一ヶ所山間地の例をあげると、岐阜県飛驒《ひだ》山中の益田《ました》川流域にあり、現在は下呂《げろ》市の萩原《はぎわら》町では、「モチ」には糯米の搗き餅であるシロモチ（白餅）と、野菜類などを混ぜ込んだ糅飯《かてめし》と同様にさまざまなものを混ぜ込んだイロモチ（色餅）があった。色餅は「混ぜ餅」とも呼ばれ、これにはアワモチ、キビモチ（黍餅）、クサモチ（草餅）、ヒエヌカモチ、トチモチ（栃餅）、ナラモチ（楢餅）、キラズモチ、マツバモチ、イモナモチ、ヤキモチ（焼き餅）、ヤキグリモチ（焼き栗餅）、ゴヘイモチなどがあった。

アワモチはモチアワと糯米を混ぜて蒸して搗いた餅、キビモチはモチキビを粒のまま、または粉か碾き割りにして糯米と混ぜて蒸して搗いた餅、クサモチは糯米にヨモギやヤマゴボウの葉を混ぜて搗いた餅、ヒエヌカモチはヒエの実や屑を粉にして糯米と混ぜて搗いた餅、トチモチはあく抜きをしたトチの実を粉にして糯米と混ぜて搗いた餅、ナラモチもホウソウナラという木の実のあくを抜いて粉にし、モチアワや糯米と混ぜて搗いた餅、キラズモチはカスモチともいい、豆腐のオカラやヨモギを糯米に混ぜて搗いた餅、マツバモチはソバの殻を石臼でよく碾いて糯米などに混ぜて搗いた餅で、これらはいずれも搗き餅である。ところがイモナモチはイモガユモチ（芋粥餅）ともいい、ハタイモ（里芋）と米のご飯を捏《こ》ね合わせて丸めたもの、ヤキモチは古くなったご飯に小麦粉や米粉を混ぜて練り、丸めて焙烙《ほうろく》で焼いたり、桑の葉に包んでイロリで焼いたりしたもの、ヤキグリモチは栗の実をご飯に炊き込んで練り、丸めて焼いたもの、ゴヘイモチはよく知られているようにご飯を練って平たい草鞋《わらじ》型に串に付け、味噌《みそ》やエゴマ、クルミのタレなどをつけて焼いたものである（はぎわら文庫編集委員会編一九八一）。

糯米にモチ種の穀物や木の実、野草などを混ぜ込んだ搗き餅が多いが、ウルチ種の米を炊いて練り、これに里芋や栗などを混ぜて丸めて焼いたものも「モチ」と呼ばれている。やはり「モチ」は穀類の搗き餅だけではなかったのである。

沖縄県の「モチ」　「モチ」は搗き餅だけではないというのは沖縄県でも同じで、石垣市では、正月用には蒸したムチィマイ（糯米）を臼に入れて杵で搗く搗き餅もあるが（石垣市　一九九四）、古くからのムチィ（餅）の製法は、糯米を粉にして練って丸めたものを蒸すか煮たもの、あるいはさらにこれを臼に入れて搗いて小さく丸めたもので、これらが餅づくりの基本的な方法である。

宮城文によれば、八重山《やえやま》では、ムチィの材料の古い製法はクーバリ（製粉）といい、木の臼に糯米を入れて立杵《たてぎね》で搗いてバクリー（粉のこと）にし、この粉を篩《ふるい》にかけて粉になってないものを再度搗いて粉にした。粉にするにはピキクーといい、水に漬けておいた糯米を石臼で水碾きにする方法もあり、この方法になってクーバリの労力が半減し、アジア・太平洋戦争後には動力製粉機が出回って製粉はさらに楽になったという（宮城　一九七二）。

糯米を粉にして餅にするというのは、まさに粢《しとぎ》の製法である。先にあげた柳田の指摘に従うなら、穀物の粒を蒸して搗いた餅より古い製法で、こうして作った餅は「粢餅」とでもいえるが、石垣市には前述のように作る餅のほか、ユヌクムチィ（炒粉餅）、ナントゥムチィ（納豆餅）などの餅、コーレームチィ（高麗餅）やユシヌムチィ（吉野餅）などの餅菓子がある。現在は各家で作ることは少なくなっているが、沖縄県にはさまざまな餅菓子があるのが特色ともいえる。餅のうち、ユヌクムチィというのは、水で洗って半乾きにした糯米粉をとろ火できつね色になるまで煎り、これに黒糖やミカンの皮であるフニンヌカー、食油を混ぜ、熱湯を加えてシャモジでかき混ぜてから手で捏ねて作る餅。ナントゥムチィは、固めに練った糯米粉に味噌、砂糖、胡椒《こしょう》、ショウガをよく混ぜ合わせ、そのままやや硬くなるまで置いてから長方形に成形し、その上にジーマミ（落花生）や胡麻《ごま》をつけて蒸した餅である（石垣市　一九九四）。

このように沖縄県にはいく通りもの餅の製法があり、年中行事や人生儀礼の折々にさまざまな餅が作られて神仏に供え、贈答品や食用にもなっている。宮城文が記している八重山地方のムチィを列記すると、カンガンムチ（鏡餅）、ダングムチ（団子餅）、フタツクリムチ、ツトゥムチ（土産餅）、プニモチ（骨餅）、ムルムンムチ（盛物餅）、マミムチ（豆餅）、ムディムチ（捩り餅）、イガムチ（毬餅）、アンムチ（餡餅）、グマバダムチ（胡麻餡餅）、パキトゥルプンヌムチ、アンバダムチ、ユヌクバダムチ、ミシュバダムチ（味噌餡餅）、イルヌムチ（色餅）、フチムチ（よもぎ餅）、サニジムチ（菱餅）、カサヌパームチ（葉苞餅）、マイヌムチ、フームンヌムチ（モロコシ餅）、キンヌムチ（黍餅）などがあり、餅菓子にはアーラシムチ（蒸し餅菓子）、シギモムチ（木の目餅）、ユシヌムチ（吉野餅）、ユヌクムチ（炒粉餅）、ユーヨームチ、ナントゥムチ（納豆餅）などがある（宮城　一九七二）。

先の石垣市の例と対比すると餅と餅菓子の区分が異なる点もあるが、この中にはモチキビ（黍）、モロコシの餅も含まれ、いずれも粉にして餅に加工しているし、この他にはモチアワも粉にして鏡餅や餡餅、ヨモギ餅などを作っていた。

沖縄県の餅はいずれも糯米や雑穀類の粉を使うのであるが、餅によって混ぜ物や工程が異なっていて、歴史過程でさまざまな工夫や創作が行われてきたのがうかがえる。蒸した糯米などを餅にするには、その製法は搗くよりほかに方法はなかろうが、糯米・雑穀を粉にするのなら、これを捏ねて蒸したり、煮たり、さらにこうしたものを改めて搗くというようにいくつかの製造法が可能となる。多種多様な餅や餅菓子が成立しているのは糯米・雑穀の粉を材料とすることに拠っているといえよう。

多種多様な餅の存在は、行事や儀礼ごとにこれが使い分けられ、餅の細分化が進んでいることを意味している。沖縄本島とその周辺の島々では旧暦一二月八日を「鬼餅《おにもち》の日」といい、サンニン（月桃《げっとう》）やクバ（蒲葵《びろう》）の葉で包んで蒸した餅を神仏に供えるとともに、幼児がいる家ではその子の年齢の数だけの餅をスダレのように紐で編んで、家の中に吊るしている。男児の分にはこれに大きな「チカラムチ（力餅）」を一つ混ぜ、初めてこの日を迎える子どもがいると、この餅を親戚などに配るという。赤嶺政信によれば、この行事は尚敬《しょうけい》王の一七三五年（雍正一三）に現在の一二月八日に統一されたが、これ以前は旧暦一二月の庚子《こうし》か庚午《こうご》の日に行われていて、こうした変化があったため鬼餅の日は、一二月七日、一二月一日などのところもある。「鬼餅」の鬼

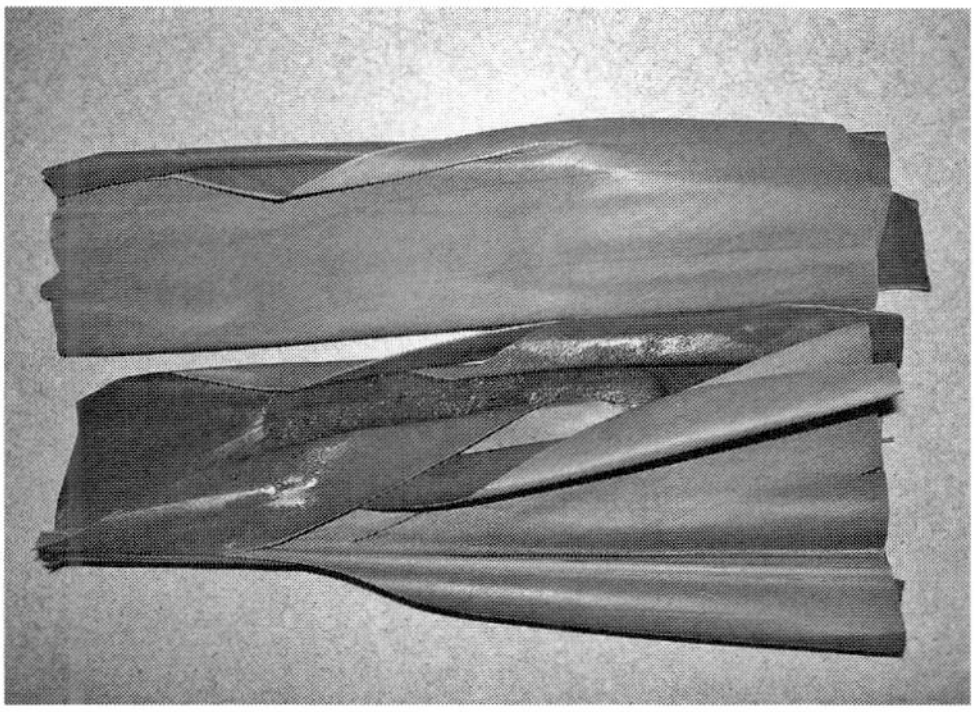

図７　月桃の葉に包んだ鬼餅（沖縄県那覇市）

については、人間に害をなす鬼に鉄を入れた餅を食べさせて退治したとか、食人鬼退治などの伝説もあるが、一二月八日にはシマクサラシとかカンカーといい、ムラの入口に牛や豚の骨を吊った縄を張って邪悪なモノの侵入を防ぐ行事を行っているところもあり、赤嶺は鬼餅の鬼も、これと同様に考えられることを示唆している（赤嶺　一九九八）。

鬼餅には「力餅」が含まれ、これは子どもに与えるものと考えられるので、「鬼餅」はその力によって鬼を退治、退散させる意味に解釈できるが、このような餅行事の存在からは、沖縄でも餅には通常の食べものにはない精神性が付与されているのがわかる。

「モチ」という食べもの

「モチ」と呼ばれる食べものは何かということで具体例をみてきたが、これら以外にも、たとえば神奈川県相模原《さがみはら》市緑区の旧藤野町佐野川《さのがわ》では、夏至《げし》から一一日目の半夏生《はんげしょう》の日にはハゲンモチを作った。これは収穫したばかりの小麦を粉に碾いて水で練り、焙烙に垂らして軽く焼き、小豆餡や味噌、焼いた塩鱒《ます》の身などを餡にして包んで丸くし、ヒジロ（イロリのこと）の灰の中に埋めて蒸し焼きにしたものである。佐野川では、戦後まではエゾヒエと呼ぶシコクビエを石臼で碾いて粉にし、湯で練って丸めて中に餡を入れて蒸したものも「モチ」といい、いわゆる饅頭《まんじゅう》に近いものにも「モチ」という名が付けられている。

以上からわかることは具体例のなかでも述べてきたように、第一に「モチ」は糯米を蒸して臼と杵で搗いたものに限定されていないことである。それは糯米以外にも、モチ種のアワやキビ、粳米《うるちまい》、小麦などの穀物や里芋・田芋・甘藷のような芋類、事例はあげていないがクズ（葛）やワラビの根などから採ったデンプンから作られており、多様な材料が使われている。ただし、その製法をみていくと、前述のように津野町北川のソバモチ、ハナゴモチ、シバモチ、イモモチなどはそれぞれの粉を捏ねて丸め、下呂市萩原町のイモナモチ、ヤキモチは粳米を炊いたご飯や茹でた里芋などを擂《す》りつぶして丸めていて、粘性のある食べものにしている。下呂市萩原町の、碾いたソバ殻を混ぜ込んだマツバモチは、粘りがなくてなかなか喉《のど》を通らなかったという例外もあるが、「モチ」はまずは粘り気のある食べものといえる。一八二七年（文政一〇）の『箋注和名類聚抄《せんちゅうわみょうるいじゅしょう》』は、「モチ」について「毛知謂黏著者、与黏同語」と、粘りのあるもので鳥もちと同じであると解説しているが、こうした食の志向性は、これも前述した、いわゆる照葉樹林文化論で明らかになったような日本文化の特性と結びつけて論じることができよう。なお、「モチ」という語は、文献では昌泰年間（八九八―九〇〇）に編纂された『新撰字鏡《しんせんじきょう》』に「黍」とあって、「毛知比（モチヒ）」と訓じられている。この語の語源については、前述の鳥もち（黐）からの転とか、「餅飯《もちいひ》」の略、「望飯」の義などいくつもの説があって確定できない。

第二にあげられるのは、一種類の穀類などで作られるだけでなく、糯米とモチアワなど複数の穀類を混合したり、芋類や木の実である堅果類、ヨモギやヤマゴボウの葉などの菜類を混ぜ込んだりした「モチ」が多数あるのが特徴となっている。

餅は米を炊いた飯に比べればはるかに保存の効く食べものでもある。これに糯米以外の食材を混合することで生産量の少ない糯米の消費を減ずるだけでなく、より栄養価の高いものを保存食とするという経験知からさまざまな種類が生まれたとも考えられる。生活者の感覚としては、複数の穀類を混合したり、芋類や堅果類、菜類を混ぜ合わせたりする糅餅《かて》は、歴史過程において公的に米の価値が高くなるなかで、大根などの糅物によって分量を増やし食の満足感を高める糅飯と同じような工夫、あるいは沖縄のユヌクムチィ（炒粉餅）、ナントゥムチィ（納豆餅）などのように味付けとして混ぜ物をすることで、食の楽しみや期待を促す方法であったという二つの事由に拠るといえよう。「モチ」の生地で小豆餡などをくるんで作る「モチ」は、いうまでもなく後者の志向である。

第三にあげられるのは、「モチ」の製法には穀類などを粉にしてから捏ね、これを蒸したり、煮たり（茹でたり）、さらにこれらを搗いて作る方法が広くあり、複数の方法が存在していることである。糯米などを蒸して搗いて「モチ」にするには、蒸籠などの蒸し器とこれを使う竈、さらには臼と杵のような搗く道具が必要となる。また、粉の「モチ」では、穀類などの粉を短時間に大量に得るには石臼が必要となる。石臼の普及が一四世紀であることを考えるなら、これ以前は沖縄・八重山のクーバリのように製粉は手間のかかる仕事であった。

九二七年（延長五）に撰進された『延喜式《えんぎしき》』の「内膳司《ないぜんし》」には、年料として「絹小篩」が菓餅所《かへいじょ》に一三口、麦粉所に一一口、糯粉所に七口支給されるとある。ここにある絹篩《きぬぶるい》は、現在の篩でいうなら細かな粉を選別するものであり、この記載からは糯粉による「モチ」がこの時代にはあった可能性がある。いずれにしても現在伝えられている「モチ」の製法は、後述するように粒餅と粉餅、それに例は少ないが捏ね餅などのほか、穀類などの粉から作る餅も特殊なものではない。

粉餅は「粢餅」ということもできる。柳田は前述のように現在一般的な搗き餅以前のものとして粢があったと指摘し、『分類食物習俗語彙』の「シトギ」の項では「臼、杵が今の形に改良されるまでは、これが今日の餅に代わるべき改まった食品であり、正式の米食法であった」という（柳田著・国学院大学日本文化研究所編　一九七四）。この変化については沖縄県の「モチ」では確実にいえることであり、また沖縄県以外でも人が食べる餅は搗き餅である粒餅であっても、神仏への供物《くもつ》には粉餅である粢餅を使っているところは各地にあり、製法としては粉餅から粒餅へ変化した可能性は高いと考えられる。

「モチ」という食べものについて、もう一つ第四に指摘できるのは、「モチ」として作られたものは、どれをとっても個々の者に配り得るかたちでできあがり、保存が効くということである。釜《かま》で炊いた米飯は釜から碗に盛り分けるのであり、米飯自体は家族員などその場にいる者全体のものである。したがってこうした米飯では誰がどのように分配するかが重要となり、ここに主婦の役割や権限とか、「同じ釜の飯を食う」という観念が成立する。本稿では餅の分配・分与についてははじめに年越の餅をあげた程度で、詳述はしていないが、柳田が餅を個人主義の伸長という視点から説いたのは、こうした餅の特性からである。

3 「モチ」の製法

製法の区分　「モチ」という食べものは右のように四つの特性をもっていて、その製法を各地の「モチ」からまとめると次のようになる。「モチの区分」の具体例については、基本的には前節であげた高知県津野《つの》町、岐阜県下呂《げろ》市萩原《はぎわら》町、神奈川県相模原《さがみはら》市緑区、沖縄県石垣市・八重山《やえやま》地方の「モチ」を記入した。

こうして製法と具体例を一覧に整理してみると、「モチ」の製法は多様であるといえる。いくつかに説明を加えておくと、粒握り餅は、具体例からわかるように蒸した糯米《もちごめ》、あるいは炊いた（煮た）粳米《うるちまい》を丸めたり、串に握り付けたりしたものである。粒粉餅というのは糯米の粒にモロコシ（トウモロコシ）の粉やヒエの粉、栃《とち》の実や楢《なら》の実の粉を混ぜて蒸してから搗《つ》いたモチである。粉搗き餅の製法で「蒸す・茹でる」と並記しているのは、そのいずれかの方法をとるということ、粉蒸し餅の「蒸す・丸める」「丸める・蒸す」というのは、捏ねた粉を蒸してから丸めるのが通常だが、たとえば沖縄の月桃《げっとう》の葉などで包んだ餅は、葉で包んで蒸すので「丸める→蒸す」という順になる。粉掻き餅というのは、ソバガキのように粉に熱湯を加えて掻いて食べるもので、例は少ないが、ソバ粉や屑米《くずまい》の粉で作るところがあった。

表 「モチ」の製法と種類

モチの区分		製法	具体例
粒餅	粒搗き餅	粒→蒸す→搗く→丸める	米餅・粟餅・タカキビ餅・コキビ餅・ソバ餅・草餅・栃餅・楢餅・キラズ餅など
	粒握り餅	粒→蒸す・煮る→丸める・握る	ボタ餅・ゴヘイ餅など
粒粉餅	粒粉搗き餅	粒・粉→蒸す→搗く→丸める	キビ餅・ヒエヌカ餅・栃餅・楢餅
粉餅	粉搗き餅	粉→捏ねる→蒸す・茹でる→搗く→丸める	ハナゴ餅・カンガン餅・ツトゥヌ餅・プニ餅・グマバタ餅・フチ餅
	粉蒸し餅	粉→捏ねる→蒸す・丸める→丸める・蒸す	シバ餅・イモ餅・エゾヒエ餅・ムチィ・ナントゥ餅・マミ餅・ムディ餅・マイヌ餅
	粉茹で餅	粉→捏ねる→茹でる→丸める	ムチィ・フタツクリ餅
	粉焼き餅	粉→捏ねる→丸める→焼く	ソバ餅・焼き餅・ハゲン餅・ユヌク餅
	粉掻き餅	粉→捏ねる(掻く)	カイ餅
捏ね餅		粒・芋→炊く・茹でる→捏ねる・練る→丸める(→焼く)	イモナ餅・ヤキグリ餅・ゴヘイ餅

捏《こ》ね餅というのは、米飯と里芋を捏ね潰して丸めたイモナ餅などを例にあげたが、里芋を材料にした「モチ」については、野本寛一が静岡県、長野県、愛知県、滋賀県の亥の子餅《いこ》、さらに静岡県や埼玉県、山梨県、岐阜県などの亥の子以外のイモモチの例をあげている。静岡県静岡市草木の亥の子餅は里芋を塩ゆでにし、潰して握って焼いて食べたといい、里芋を「モチ」にする場合は、いずれも茹でた里芋を潰して（捏ねて）いる（野本　一九八四）。

今後の「モチ」研究　「モチ」の製法については、モチ文化の研究のなかで今後も改訂を加えることもあろうが、おおよそ全体像は以上のようになる。何度も繰り返しているように、「モチ」は糯米を蒸して搗いたものだけでなく、多様な製法があった。現在では正月の餅であっても自家で搗くことが少なくなっていて、多様な製法は失われつつある。「モチ」とは何であるのか、その実態が少しでもわかるうちに研究を進める必要があるが、一方では、第1節で述べたようにモチ性の穀類を積極的に作り、「モチ」に特別な意味を与えているのは、世界のなかでは東南アジアから日本にかけての地域のみで、その特殊性が何に拠っているのかの解明も、今後に残された重要な課題である。甘靖超は、中国江蘇省《こうそ》蘇州《そしゅう》市古里鎮における糯米食文化を取り上げ、とくに婚姻儀礼の一環で行われる先祖祭祀で供えられる糯米食品、聟《むこ》と嫁の両家で相互に贈答＝交換されたり、親族・友人や地域社会に贈与されたりする糯米食品について、詳細な記録・分析を行っている（甘　二〇一四）。今後、アジアの「モチ」文化圏において、甘のような研究を積み上げていくことも必要である。

参考文献
赤嶺政信　一九九八年『シマの見る夢―おきなわ民俗学散歩―』ボーダーインク
石垣市　一九九四年『石垣市史　各論編民俗上』
岡　正雄　一九五八年「日本文化の基礎構造」『日本民俗学大系第2巻　日本民俗学の歴史と課題』平凡社
小川直之　二〇〇三年「正月」新谷尚紀・波平恵美子・湯川洋司編『暮らしの中の民俗学2　一年』吉川弘文館
甘　靖超　二〇一四年「中国村落の婚姻儀礼におけるモチ米食文化とその機能―江蘇省蘇州市古里鎮S家の事例―」『生活学論叢』二五号
金田久璋　二〇〇二年『稲魂と富の起源―稲積み・年玉・贈与交換―』白水社
小島瓔禮校注　一九七〇年『風土記』角川文庫
斎藤月岑著、市古夏生・鈴木健一校訂　二〇〇一年『新訂東都歳事記　下』ちくま学芸文庫
阪本寧男　一九八九年『モチの文化誌―日本人のハレの食生活―』中公新書
佐々木高明　一九七一年『稲作以前』NHKブックス、日本放送出版協会
一九八二年『照葉樹林文化の道―ブータン・雲南から日本へ―』NHKブックス、日本放送出版協会
二〇〇七年『照葉樹林文化とは何か―東アジアの森が生み出した文明―』中公新書
世田谷区教育委員会編　一九八六年『口訳家例年中行事（上町大場家）』
坪井洋文　一九七九年『イモと日本人―民俗文化論の課題―』未来社

中尾佐助　一九八二年『稲を選んだ日本人―民俗的思考の世界―』ニュー・フォークロア双書、未来社
野本寛一　一九八六年『民俗再考―多元的世界への視点―』日本エディタースクール出版部
　一九六六年『栽培植物と農耕の起源』岩波新書
　一九八四年『焼畑民俗文化論』雄山閣出版
　二〇〇五年『栃と餅―食の民俗構造を探る―』岩波書店
はぎわら文庫編集委員会編　一九八一年『萩原の四季と味』萩原町教育委員会
宮城　文　一九七二年『八重山生活誌』私家版（のち一九八二年、沖縄タイムス社）
安室　知　一九九九年『餅と日本人―「餅正月」と「餅なし正月」の民俗文化論―』雄山閣出版
柳田国男　一九三二年「食物と心臓」『信濃教育』五四三号（のち一九九〇年『柳田国男全集17』ちくま文庫）
　一九三六年「餅なおらひ」『一橋新聞』昭和一一年一月（同前）
　一九四〇年「米の力」『新女苑』昭和一五年三月号（同前）
柳田国男著・国学院大学日本文化研究所編　一九七四年『分類食物習俗語彙』角川書店
渡邊欣雄　二〇一八年「饗宴と共食」小川直之編『日本の食文化1　食事と作法』吉川弘文館
渡部忠世・深澤小百合　一九九八年『もち（糯・餅）』ものと人間の文化史、法政大学出版局

雑煮——正月と餅——

門口実代

1 雑煮のいま

正月前になると、スーパーの店頭には、黒豆やだて巻き、栗きんとんなど、おせち料理に欠かせない品々が並ぶようになる。かつては正月を迎えるにあたり、何日も前から食材を準備し、時間をかけて家でおせち料理が作られていた。だが、近年はおせち料理を購入するという選択肢が加わり、スーパーで調理済みの品を買い求めたり、デパートなどで重箱入りのおせち料理を予約購入したりする家も増えてきた。煮しめや紅白なますなど、一部の料理は家庭で作ることもあるだろうが、すべての料理を手作りする家は、ずいぶんと少なくなっているのが現状ではないだろうか。

しかし、市販のおせち料理を利用するのが一般化しているなか、雑煮だけは変わらず家庭で作られていることに着目したい。雑煮は各家によって入れる食材や調味料、調理方法に相違があるため、画一的なものを購入するのではなく、自宅で作るものだという意識が浸透していると考えられる。仮に、ほかのおせち料理のように、地域色のない調理済みの雑煮が売られていたとしても、需要があるとはいえないだろう。正月料理を簡便に済ませようとする時代にあって、雑煮がいまも手作りされているのは、各家に受け継がれてきた雑煮が多様であり、その味や作り方に思い入れがあることの表れだと考えられる。

正月の各行事を現在行っているかどうか、東京都内の大学に勤務する石井研士がアンケート調査を行い、興味深い結果を得ている。「大掃除やすすはらいをする」「年越しそばをたべる」「おそなえを飾る」「おせち料理を作る」「お年玉をもらう」は約九割と高い割合なのに対し、「七草がゆを食べる」は約五割、「若水を汲む」に至っては一割に満たなかったが、「お雑煮を食べる」のは一〇割との回答だったという（石井　二〇〇五）。

同様に、小川直之も東京都内の大学生を対象に、二〇〇一年（平成一三）に正月の雑煮についてのアンケート調査を実施しており、この調査でも、沖縄県の出身者と韓国人留学生、在日韓国人を除いて、全員が雑煮を食べるという結果となっている（小川　二〇〇三）。後述するように、沖縄やアジアの国々には雑煮を作って正月を祝う習慣がないことが背景にあり、そのほかの地域の出身者は雑煮を食べるという点で、先の結果と一致している。両氏による調査が行われてから一五年以上経っているが、大半の人が正月に雑煮を食べるという状況は、現在も変わっていないと推察される。

ここではまず、地域のくらしのなかで正月の雑煮が担ってきた意味を考えてみたい。続いて、雑煮がいつ頃誕生し、一般庶民に普及したのかという歴史的な変遷をたどるとともに、現在作られている雑煮の地域的な特色を概観する。具体的には、雑煮に入れる餅の形や具材、だしの取り方、調理方法、食べ方などの差異である。最後に、時代の変遷を背景に、何が変容し、何が変わらずに受け継がれているのかという、雑煮をめぐる現状にもふれる。

2　雑煮の民俗

神との共食　雑煮は正月に作られる、餅や野菜の入った汁ものと定義されるが、その本来的な意味について神崎宣武は、正月に迎える歳神《としがみ》の魂を餅に分け授けてもらい、福寿を願って食することにあるとみている（神崎　二〇〇五）。雑煮は神に供えた鏡餅を下ろし、季節の野菜などと一緒に調理するものであり、神と人とが神饌《しんせん》を共食するというのが原型だと考えられる。

そのように考えられる根拠について安室知は、柳田国男《やなぎたくにお》の説を挙げている（安室　一九九九）。柳田は、『食物と心臓』所収の「餅なほらひ」（一九三六年〈昭和一一〉）のなかで、九州地方での雑煮の呼び方に着目し、ノーリャー（熊本県玉名《たまな》郡・長崎県平戸市）、オノウライ（福岡県島嶼部・芦屋《あしや》町）、ノウレェ

（福岡県南部の山村）という、直会《なおらい》に由来する呼び方がみられることにもとづき、雑煮は神に供えたものを下ろしてきて、神祭に伴う直会の場で神と人とが共に食するものだと説明している（柳田　一九三六）。

正月料理をいただくに際して「祝い箸」（「柳箸《やなぎばし》」などとも呼ばれる）という、両端が丸く細くなっている箸を用いるのも、片方で神が食事をとり、もう片方で人が食事をするという、神人共食の観念がいまに受け継がれていると理解できる。

現在、このような観念は薄れてきているが、かつての民俗社会に伝承されてきた正月行事は、信仰的な側面の強いものであった。元日の早朝に、一家の主人にあたる家長や年長者の男性が、井戸から若水《わかみず》を汲むのは全国的に広くみられた習慣であり、この若水で湯を沸かして茶をたてたり、雑煮を作ったりするという報告も多い。雑煮を作るときには、一年間まめに（健康に）過ごせるように願って、大豆の幹である豆幹《まめがら》を燃やすという地域もある。

また概して、普段の調理を担うのが女性であっても、正月料理を作るのは男性の役割とする地域も少なくない。正月料理のなかでも、雑煮は特にそれが顕著である。実際は、大晦日のうちに雑煮に入れる野菜を切ったり、餅を準備したりという下ごしらえは女性が済ませておくことも多いようだが、年始の調理を男性が担うことに意味があり、歳神を迎えてもてなすための正月料理のなかで、雑煮が特別な役割を担っていることを表している。

雑煮を食べるとき　完成した雑煮は、神棚や仏壇、家によっては竈神《かまどがみ》や井戸神《いどがみ》、普段使用する農具などの前にまず供え、その後に家族が揃っていただくのが順番であるとされた。

現在、雑煮は元日の朝に食べるというイメージが定着しているように思われるが、正月の期間中、ほかの日にも雑煮を食べる地域がある。例えば、筆者の聞き取り調査によると、新潟県長岡市の家では、一月一日（大正月《おおしょうがつ》）、二日、三日（女正月）、五日（五日正月《いつかしょうがつ》）、七日（七日正月《なのかしょうがつ》）、一一日（鏡開き）、一五日（小正月）、二〇日（二十日正月《はつかしょうがつ》）と、雑煮を食べる日が決まっているという。各都道府県の食文化を綴った『日本の食生活全集』を参照しても、三が日のほか、七日、一〇日、一一日、一五日、二〇日といった日に雑煮を食べる地域が点在していることがうかがえる。なかには一月一〇日まで毎日という例や、餅のある間、一ヶ月ほどと長期に渡って毎日雑煮を食べるという例もある。本来は、このように複数の日に雑煮を食べる習わしがあった地域でも、近年は三が日を中心に短縮されるようになったケースもある。

3　雑煮の歴史

雑煮のはじまり　いつ頃から雑煮が食べられるようになったのか、その端緒について正確に知ることは難しいが、京都周辺では、室町時代の終わり頃から文献に雑煮が登場するようになる。

例えば、一四九七年（明応六）に成立した『山内料理書《やまのうちりょうりしょ》』の「夏肴くみ之事」では、来客をもてなす際の初献《しょこん》として、膳《ぜん》に乗った雑煮が「焼物」と「五種のけづり物」とともに描かれている。雑煮の注記には、「もししろふり（うり）なく候はゞ。山のいも以下にても入よ。越瓜。もちい。いりこ。まるあわび。四色をたれみそにてによ。口伝在。四種之外入べからず」と説明されており、餅と瓜《うり》、いりこ、丸鮑《まるあわび》の四種をたれ味噌《みそ》で煮たのが雑煮であると理解できる。同時代に記された『山科家礼記《やましなけらいき》』の一四九二年八月一日条にも、「飯田・富松よひ、餅ニイリコ・マルアワヒ・スルメ・マメ入テタレ味噌ニテニテクワス」とあり、雑煮という文言はないものの、『山内料理書』の雑煮と類似した料理を配下の者に供したことが読み取れる。また、相国寺《しょうこくじ》（京都）の鹿苑院主《ろくおんいんしゅ》の日記である『鹿苑日録《ろくおんにちろく》』には、一四八八年（長享二）の正月元日に、院主が配下の僧侶たちとお勤めをしている様子が描かれ、それに続いて「昆布。勝栗。寒酒。寿林行者行之。終而又雑羹。餅。豆腐。芋。薺。昆布」と、餅と豆腐、芋、薺《なずな》、昆布を煮た雑羹（雑煮）が食されていることがうかがえる。

一六〇三年（慶長八）に日本イエズス会より長崎で発行された『日葡《にっぽ》辞書』では、Zōni［ザゥニ（雑煮）］は「正月に出される、餅と野菜とで作った食物の一種」と説明されており、この頃には「雑煮」という名称が定着し、現在と同様に、餅と野菜が入った雑煮を正月に作る習慣が一般化したと考えられる。ここでは、正月に食するものとされているが、先の『山内料理書』や『山科家礼記』にみるように、本来は正月の時期に限定されるものではなかったようである。群馬県太田市の長楽寺《ちょうらくじ》に伝わる一五六五年（永禄八）成立の『長楽寺永禄日記』においても、二〇か所ある雑煮の記述は、元日から小正月までを中心にしながらも、三月下旬まで続いているという（都丸　一九八八）。

庶民への普及　近世以降になると、全国的に庶民の間にも正月の雑煮が普及する。上流階級に比べて、庶民の生活に関する記録は残されにくく、地域によっても差異があるため、雑煮が全国的に普及した年代を正確に特定しづらいという一面がある。そうしたなか、多くの挿絵を用いて江戸と京坂の庶民の風俗を豊かに描いた、江戸後期の『守貞謾稿《もりさだまんこう》』は、多くの示唆を与えてくれる。雑煮の記述は、以下のとおりである。

元日、二日、三日　諸国ともに雑煮を食ふ。雑煮、本名を「ほうぞう」と云ふなり。五臓を保養するの意にて、保臓と書すなり。またあるひは、縉紳《しんしん》家には烹雑《ほうぞう》と云ふ。

今世、京師の雑煮、戸主の料には必ず芋魁《かしらいも》を加ふと云へり。

大坂の雑煮は味噌仕立なり。五文取りばかりの丸餅を焼き、これを加ふ。小芋、焼豆腐、大根、乾鮑《ほしあわび》、大略この五種を味噌汁にて製す。

膳は外黒内朱の蝶足の膳に、四つ椀も内朱外黒を普通とす。定紋《じょうもん》付もあり。膳上に裡白《うらじろ》をしき、塩鯛《しおだい》一尾づつをすへる。四つ椀の間に塩鯛を置くなり。

江戸は切餅を焼き、小松菜を加へ、鰹節《かつをぶし》を用ひし醬油《しょうゆ》の煮だしなり。塩鯛、裡白等のことなし。


ここでは、正月三が日には全国的に雑煮が食べられていること、また大坂と江戸で生活をした経験から、大坂の雑煮は丸餅の味噌汁で、具材に小芋・焼豆腐・大根・乾鮑を入れるのに対し、江戸はかつお節でだしを取った醤油ベースの汁で、角餅と小松菜を入れるという地域差があることにも言及されている。

このほか、俳諧で用いられる季語を収録した一八五一年（嘉永四）の『増補《ぞうほ》俳諧歳時記《はいかいさいじき》栞草《しおりぐさ》』では、「雑煮祝《ざふにいはふ》」として「雑談抄」が引かれ、「雑煮は、餅に大根・芋・蹲鴟《いもがしら》・昆布・打あはび・いりこ・菘《すずな》等を加へて羹《あつもの》として喰《くら》ふ。多種を交へ煮る故に、雑煮と称するか。是を略して、羹《かん》を祝ふと云」と記されている。

また、同じく江戸後期の文化年間（一八〇四―一八）には、屋代弘賢《やしろひろかた》が「雑煮餅の事　菘《な》・いも・大根・人参《にんじん》・田作など通例、其外《そのほか》に何等《なんら》の物候やらん」と江戸の雑煮の例を提示して、諸国の状況を尋ねて返答を得ている。例えば、雑煮の中身について、若狭《わかさ》国小浜《おばま》領では、「いも・菘・蕪《かぶ》・焼とうふ等入候事にて、家々により少しつゝの違ひはあれど、別なる物を用候事無御座候。江戸なとの風とちがひ、多く味噌汁にて御座候」と、家による違いはあるものの、いもや青菜、蕪、焼豆腐などを入れることが多く、江戸のすまし汁の雑煮とは異なり、多くは味噌汁であるという相違が報告されている。また、伊勢《いせ》国白子《しろこ》領でも「雑煮は、芋・大根を加ふるもあり、菘のみなるもありて一定ならず。花堅魚《かつお》をかきてかくるなり」と、芋と大根の雑煮や、青菜の雑煮があり、鰹節をかけることがあると記されており、現在の当地域における雑煮の特徴と一致する。雑煮を食べる期間については、陸奥《むつ》国信夫《しのぶ》郡・伊達《だて》郡は

「元日より三日の間、雑煮を喰ふ事毎朝也」と三が日の間、備後国沼隈郡浦崎村《びんごのくにぬまくまぐんうらさきむら》は「塩肴《しおざかな》・大根・ごぼう・水菜・にんじん、元日より十四日夕迄、栗の木箸を用」と元日から一四日まで毎日と記載されている。あわせて、雑煮を食する際には、栗の木の箸を使うと雑煮をめぐる食習慣にもふれられている。

さらに時代が下り、明治後半に入ると、現在のような雑煮の地域性の原型がみられるようになると奥村彪生はみている。奥村は、料理家の奥村繁次郎が全国の雑煮の特徴をまとめた『名物諸国料理』(一九〇六年〈明治三九〉)を資料として雑煮マップを作製し、すまし汁と味噌汁、角餅と丸餅の別など、現在とあまり変わらない特徴が見受けられると分析している(奥村　二〇一六)。次節では、この頃より受け継がれてきているとされる雑煮の地域差について、現状をみていきたい。

4　雑煮の地域差

「三重県のお雑煮マップ」から　正月が近づくと、新聞やテレビでは雑煮の地域差の話題が取り上げられるようになる。丸餅と角餅という餅の形、また、すまし汁と味噌汁《みそしる》という汁の種類は東西で異なり、その「境目」に位置すると考えられている三重県の博物館に勤務する筆者は、テレビ局などから東西の境界について尋ねられることがある。身近な食文化の違いについての関心の高さを感じる一方で、雑煮の地域的な分布について回答する際に、適切な学術的な裏付けを得ることの難しさを痛感している。

餅の形や汁の種類に注目すると、雑煮の地域差が存在するのは確かである。だが、地域差を論じる際に、印象論に終始したり、とりわけ特徴的な雑煮だけを取り上げて紹介したりすることは避けなければならない。また注意を要するのは、同一の地域であれば、どこの家でも同じ餅の形・汁の種類・具材の雑煮が作られているというわけではないことである。つまり、地域全体の雑煮の傾向はあるにせよ、家庭による違いがあるのが当然で、たとえ隣の家であっても異なる雑煮が作られている可能性は充分にあり得るのである。

このことは、三重県総合博物館の開館前に、子どもたちと一緒に作った「三重県のお雑煮マップ」からもみてとれる。当館では、二〇一一年（平成二三）度に三重県内の雑煮について調べる「お雑煮プロジェクト～新博ティーンズプロジェクトPARTⅢ～」を実施し、社会科で地域のくらしを学習する小学校三・四年生をおもな対象に、自宅の雑煮調査を呼びかけた。その結果、三五〇〇枚を超える調査カードが集まり、これらの調査カードを整理して「三重県のお雑煮マップ」にまとめた。図1は、このマップを少し編集したものである。

地図全体をみると、北部ではすまし汁に角餅が主流なのに対し、中部では味噌汁とすまし汁が混在し、西部の伊賀《いが》地域は大阪・京都に近いこともあり、味噌汁に丸餅が多いという傾向が読みとれる。南部の志摩《しま》・東紀州《ひがしきしゅう》地域については、調査カードの数が少ないので断定はできないが、すまし汁が比

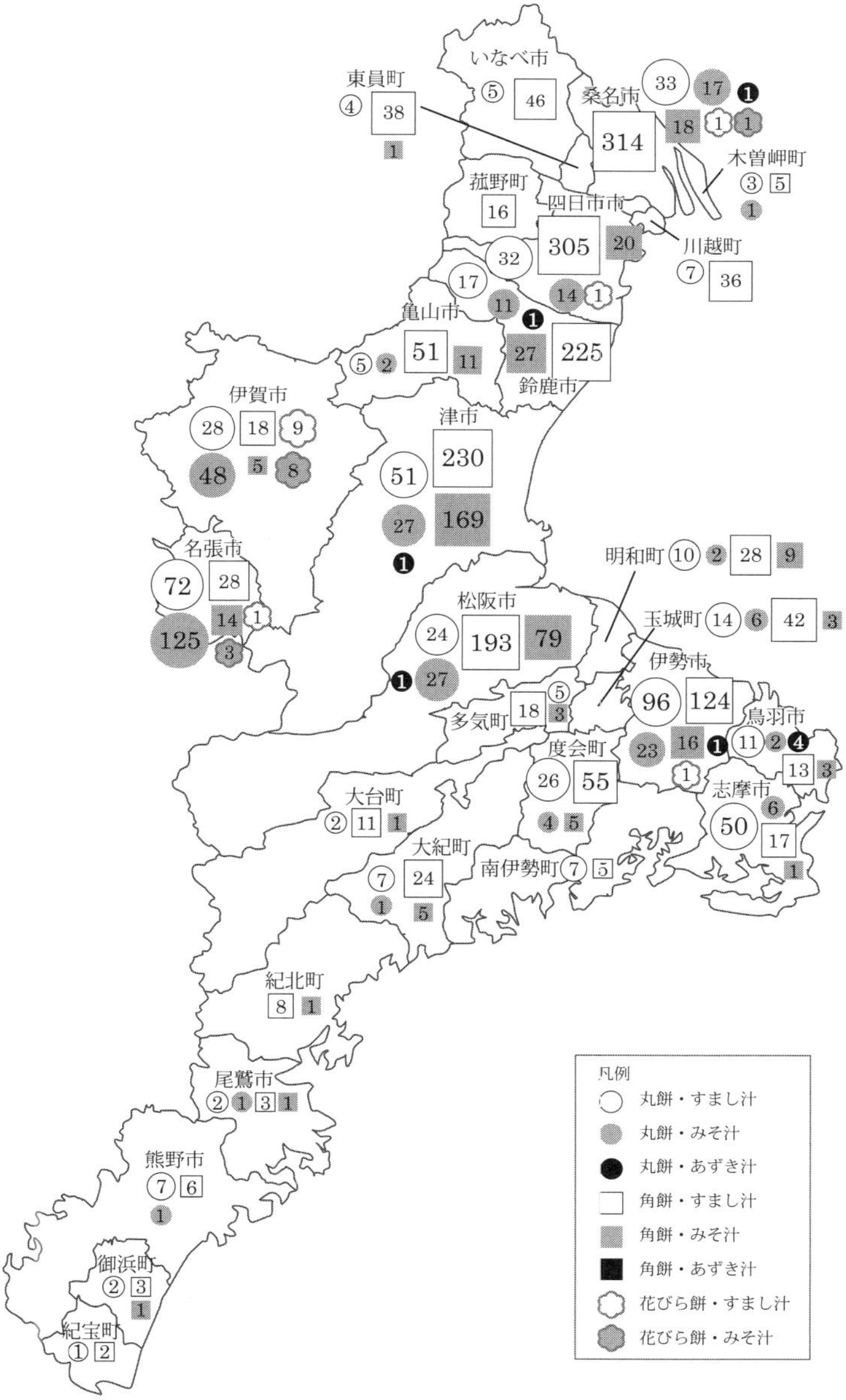

図１　三重県の雑煮分布図

較的多く、丸餅と角餅が混在していると予想される。一方、より詳細にみていくと、例えば四日《よっか》市《いち》市域では、すまし汁に角餅の雑煮が多数を占めるなか、味噌汁の家や、丸餅を入れる家も点在していることが分かる。これは他の市町でも同様であり、同一の地域であれば、どの家も同じ雑煮を作っているわけではなく、明確な雑煮の東西ラインを引くのは困難であるということが確認できる。

『日本の食生活全集』の報告から　以上のような前提を踏まえて、雑煮の地域差について考えてみたい。本来であれば、同一の調査項目を用いて全国的な一斉調査を行うことが望ましいが、管見の限り、そのような調査や研究はなされていないと思われる。将来的には全国的な雑煮調査に着手したいと考えているが、ここでは、雑煮の地域差を考えるにあたり、一九八四年（昭和五九）から一九九三年（平成五）にかけて農山漁村文化協会から発行された『日本の食生活全集』を用いる。このシリーズは、地域の伝統的な食文化が受け継がれていた高度経済成長期以前の食生活を明らかにすることを目的に、都道府県ごとに、大正時代から昭和初期にかけて家庭の食事を作ってきた人から丹念な聞き書きをした内容を記した貴重な記録である。

　各巻で編集者・執筆者が異なるため、雑煮の記述に濃淡はあるものの、大半の巻では「四季の食生活」の「晴れ食・行事食」のなかで、年末の餅搗《つ》きから正月料理の準備、元旦の若水《わかみず》汲みといった流れのなかで、雑煮の調理方法についても記述されており、全国的な傾向を掴むことができる。また、同一都道府県内においても、地理的・歴史的な環境などを背景に、各地域の食文化に違いがあることにも配慮され、各巻、五地域から八地域に分けて記述されている。

餅の形　『日本の食生活全集』から雑煮に関する記述を抽出し、餅の形について分布を示したのが図2である。東京都と大阪府の都心部、および名古屋市近郊については、地図上のスペースの制限から、隣接する複数の地点をまとめて一つの記号で表している。角餅を□、丸餅を●で示した本図をみると、東北から関東、中部にかけての東日本は角餅が多いのに対し、近畿から中国、四国、九州にかけての西日本は丸餅が多いことが明白である。

搗いた餅を手で一つ一つ丸く成形する丸餅に比べ、角餅はのし板に搗いた餅を入れ、のし棒で均一に伸ばした後、包丁《ほうちょう》で切って作るため、手間がかからない。この丸餅と角餅を対比させ、丸餅は西の公家文化、角餅は東の武家文化を表し、武家社会の簡略化第一主義が角餅を生み出したとも論じられている（大川　二〇〇八）。

また、餅の調理方法に着目すると、一般に丸餅は煮ることが多く、角餅は焼くことが多いとの説明がある（農山漁村文化協会編　二〇〇二）。その一方で、先の「お雑煮プロジェクト」の回答では、餅を焼く年もあれば煮る年もあるという記述や、ある年から調理方法を変えたという記述が複数あり、焼くか煮るかという調理方法は、餅の形ほどは違いが意識されていない様子もうかがえた。

全国的には、丸餅か角餅のいずれかを用いる地域が多いが、『日本の食生活全集』によると、山形県の村山地方や福島県の会津《あいづ》山間部では「搗きたての餅」が使われるという。また、三重県の伊賀地

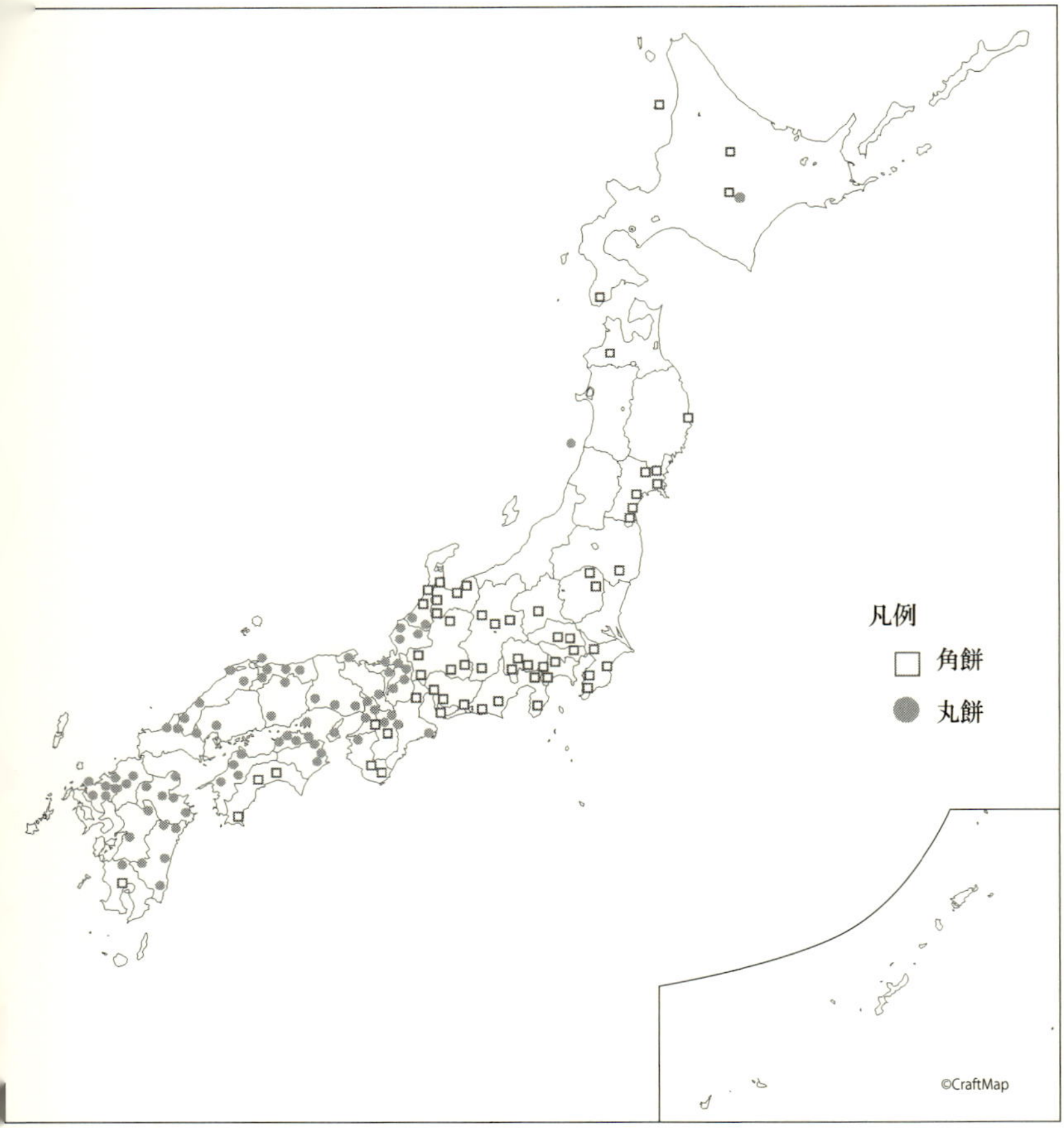

図２　雑煮の丸餅と角餅の全国分布図

域では、筵《むしろ》の上で丸餅を押さえつけて中央部分をくぼませた「花びら餅」（「花びら」ともいう）、同熊《くま》野《の》地域では、断面がかまぼこ型になる「ねこ」「ねこ餅」と呼ばれる特徴的な餅を用いるという話を聞く。「ねこ」という名称は、その形が背中を丸めた猫に似ていることに由来するとも説明される。

餅の原材料については、糯米《もちごめ》だけの「白餅」が最も広く使われているが、なかには糯米に粳米《うるちまい》を一定量混ぜた餅を用いる地域もみられる。三重県内では、粳米も含まれた、米粒の食感が残った餅を「たがね」や「やじろ」と呼んでいる。

汁の種類とだしの取り方　続いて、餅の形と同様に、『日本の食生活全集』の記述より作図した図3をもとに、汁の種類をみてみよう。すまし汁の地域は●、味噌汁の地域は●で示している。なお、小豆汁の地域については後述する。

図3を概観すると、味噌汁の雑煮を作るのは、京都・大阪・奈良・和歌山・滋賀県を中心とした近畿地方と、福井県、四国の香川・徳島県に限られ、そのほかの地域はすまし汁が主流だということが分かる。

ただし、味噌汁の地域のなかでも、近畿から香川、徳島県にかけては白味噌、福井県は赤味噌が多く用いられるという相違がある。このほか、合わせ味噌を使う地域もあるが、麦味噌や八丁《はっちょう》味噌を使うといった例はみられない。日常の食事においては、赤だしの味噌汁が好まれる愛知県はすまし汁、麦味噌の味噌汁が多い四国・中国地方の一部から九州にかけてもすまし汁が主となっており、雑煮は

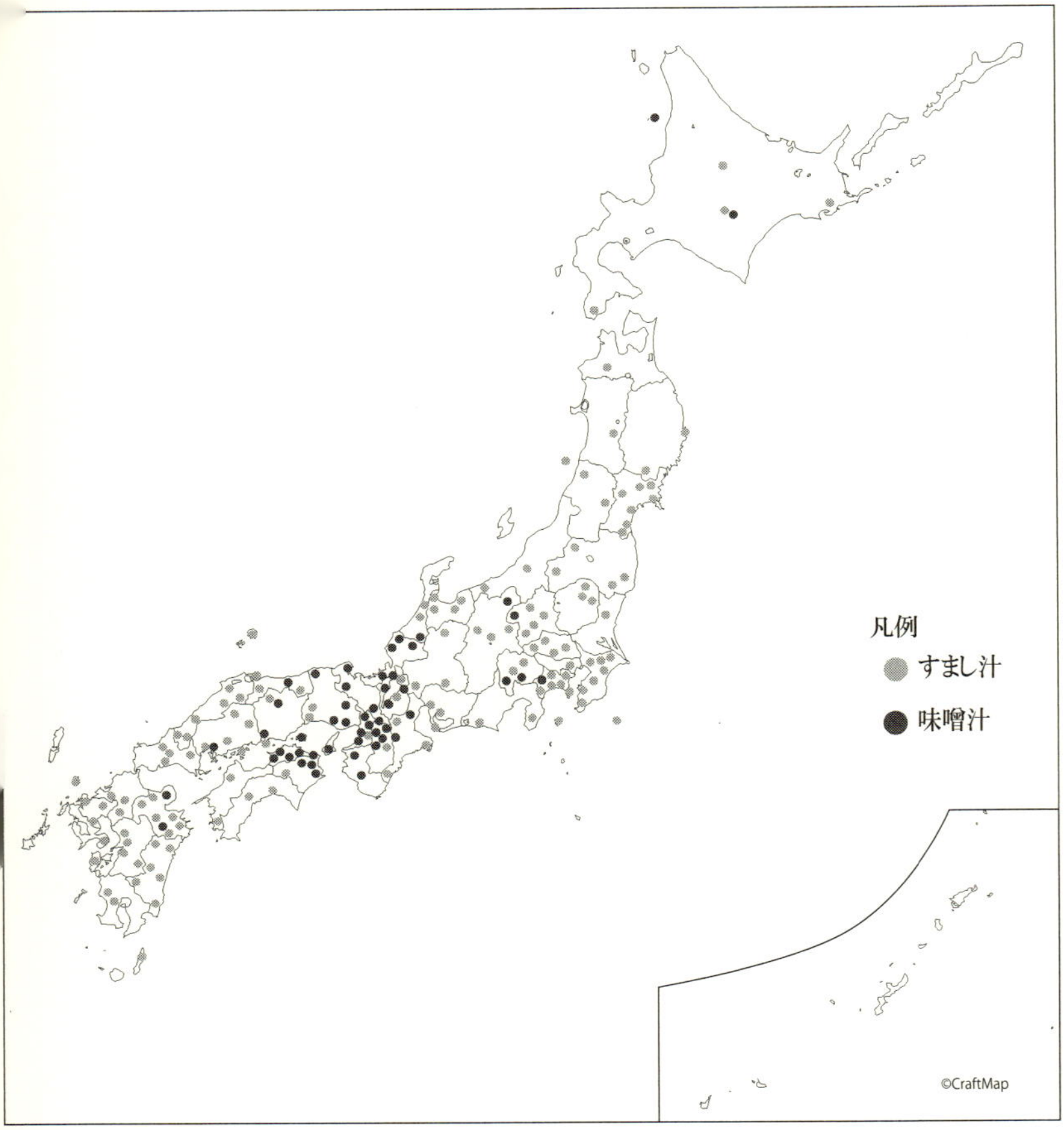

図３　雑煮のすまし汁と味噌汁の全国分布図

ハレの日の食事として、日常の食事とは区別されているようで興味深い。

すまし汁の雑煮も味噌汁の雑煮も、調理する際にだしを取ることは欠かせない。かつお節や昆布、煮干しは地域を特定することなく全国的に広く使用されているが、その一方で地域的な特色のみられるものもある。『日本の食生活全集』より、その例をいくつかあげてみると、焼きはぜ〈宮城県加美《かみ》郡小野田町〈現仙台市〉〉、貝柱〈福島県喜多方市〉、さば節〈東京都大島町〉、すり身のかまぼこ〈富山県富山市〉、はまぐり〈広島県山県《やまがた》郡芸北町〈現北広島町〉〉、べらこ〈徳島県鳴門《なると》市〉、地域で「あご」と呼ばれる干したとびうお〈福岡県福岡市・筑紫野《ちくしの》市、佐賀県東松浦郡鎮西《ちんぜい》町〈現唐津市〉、長崎県壱岐《いき》〉、干しえび〈鹿児島県薩摩《さつま》郡入来《いりき》町〈現薩摩川内《さつませんだい》町〉〉といった、魚介類が並ぶなか、長野県佐久《さく》市では鶏の骨と記されている。少数であるが、千葉県印旛《いんば》郡八街《やちまた》町〈現八街市〉のように、だしはとらないという例もある。

多彩な具材　雑煮に入れる具材はじつに多彩である。具材についても、『日本の食生活全集』と筆者の聞き取り調査を中心に全国的な特徴を概観する。

まず、野菜は冬場に収穫できるものを中心に、いくつかの種類を組み合わせて用いることが多い。具体的には、にんじん、だいこん、さといも、かぶ、ねぎ、ごぼう、白菜、小松菜など、多くの地域に共通する野菜のほか、ふきやわらびなどの早春の山菜、秋に保存しておいたきのこを入れる例もある。また、愛知県の尾張《おわり》地方で栽培されてきた小松菜に近い在来種の「もち菜」や、愛知県長久手《ながくて》市を中心に栽培される「真菜《まな》」、高知県の「潮江《うしおえ》かぶ」〈「潮江菜」ともいう〉など、雑煮に入れる地方野菜もある。東海地方の岐阜県・愛知県・三重県で広く用いられるもち菜は「正月菜」とも呼ばれ、年末になると小松菜が並んでいた棚がもち菜売り場に変わるという名古屋市内のスーパーもあるという（タキイ種苗株式会社出版部編　二〇〇二）。

おせち料理の各々は、健康や長寿、子孫繁栄などの縁起を担いで作られるように、雑煮に入れる野菜にも願いが込められているという報告もある。例えば、人の先頭に立てるように頭芋《かしらいも》を入れたり、物事を丸くおさめ、家族が仲良く過ごせるようにと、さといもを切らずに丸いまま入れたりするなど、具材や調理方法に工夫がみられ、年頭に食する儀礼食としての雑煮の性格がうかがえる。

肉類については、鶏肉を入れる例は散見されるが、牛肉や豚肉を用いるという例は、ほとんどみられない。岩手県北部の軽米《かるまい》では、「鶏肉入りの雑煮は欠かせないが、きじや山鳥があれば最高」だという。

魚介類は、多様性に富んでいる。サケやブリなどの切り身、ハマグリ、ハバノリ、イセエビ、クルマエビ、カキなどの例がある。興味深いのは、カキの養殖が盛んな広島湾沿岸地域では、雑煮にカキを入れる家が多いが、カキ養殖に携わる家はカキの味噌汁、カキ養殖以外の家ではカキのすまし汁が主流と調味方法に違いがあるという点である。

肉類・魚介類以外のタンパク源としては、豆腐や油あげを入れるという報告が多い。豆腐は、雪深い東北地方から信越地方にかけては、豆腐を凍らせてから乾燥させて作る凍《し》み豆腐が多用される一方で、近畿地方では焼き豆腐が好んで用いられるという特徴がある。

最後に、雑煮に入れる餅に関連して、特色ある食べ方があることにふれたい。一つは、くるみを擂《す》って砂糖や醤油で味を調えた「くるみだれ」の猪口《ちよこ》を用意し、餅を椀の中から取りだして、それに付けて食べるという風習で、岩手県の下閉伊《しもへい》郡から宮古《みやこ》にかけての三陸沿岸部に色濃くみられる。もう一つは、くるみだれの代わりに餅にきなこをつけて食べるという習慣で、奈良県を中心に、隣接する三重県の名張《なばり》市・伊賀市にも一部分布している。このほか、黒砂糖をつけることもあるという福岡県筑紫野市の例や、雑煮椀の餅の上に黒砂糖を二切れ載せるという福井県遠敷《おにゅう》郡上中町（現若狭《わかさ》町）の例などもある。事例は限られるものの、このように雑煮の餅などに甘味をつけて食べる風習も、各地に点在している。

5　特色のある地域

雑煮の食文化がない地域　アイヌの人びとが暮らしてきた北海道と、奄美《あまみ》諸島から琉球《りゆうきゆう》諸島にかけての島々ではそれぞれに独自の文化が育まれ、本来は正月に雑煮を食べる習慣がなかった。

アイヌの人びとが受け継いできた新年の儀礼は、本州や四国、九州地方の正月行事とは異なるものであったが、北海道では明治時代に入ってから開拓のために全国各地からの移住が進んだことにより、

図4　中身汁（沖縄県、神谷智昭撮影）

開拓民の故郷の雑煮が伝えられることとなった。開拓民の子孫が先祖の雑煮を継承した結果、北海道には多様な地域の雑煮文化が混在するようになり、いわば日本の雑煮文化の縮図がみられるようになった。全国各地から人が集まる首都圏もまた、それぞれの出身地の雑煮がみられる点では北海道と共通するものの、同郷の人びとが集まって形成された集落も多い北海道と比較すると、首都圏では隣近所でも各家による雑煮の違いが大きいという点が異なる。

一方、奄美諸島から琉球諸島にかけては、家で一年飼育した豚をつぶして各種の正月料理を作る習わしが全域的にみられた。萩原左人によると、こうした「肉正月」には地域差があり、奄美諸島では豚と鶏を併用することが多く、鶏は元旦の「三献《さんごん》」に主として用いられるという（萩原　二〇〇九）。三献とは、餅の吸物（餅・魚などの汁もの）、刺身、肉の吸物（鶏肉・野菜などの汁もの）からなる膳のことである。また、沖縄本島を中心とする地域では、豚の内臓を煮込んだ「中身《なかみ》汁《じる》」（「中身」ともいう）が正月料理の汁ものとして一般的に作られる。図4は、かつお節でだしを取った中身汁で、豚モツとこんにゃく、しいたけ、刻みねぎが入っている。奄美の吸物や沖縄本島の中身汁は、正月に食される汁ものという点で雑煮とも共通するが、基本的には雑煮とは異なるものだと理解される。

そして、宮古から八重山《やえやま》にかけての先島《さきしま》諸島では、豚を用いる例もあるが、牛をはじめ、さまざまな動物が肉正月の対象になるという（萩原　二〇〇九）。日本本土の文化を取り入れる時期が比較的早かったとされる石垣島では現在、牛が正月料理の主体となり、牛肉を用いた汁を「牛汁《ぎゅうじる》」と呼んでいるようである。上述した地域では、本土の食文化が入ってきてからは、正月に雑煮を作る家もあるが、古くから受け継がれてきた伝統の食文化がいまも健在である。

餅なし正月　正月の雑煮に餅を用いない家例を伝えている地域や家もある。例えば、群馬県高崎市域では、三が日の朝はそばにする家、三が日はうどんの家、元日・三日・四日の朝は雑煮で二日の朝はそばの家があるという。雑煮ではなく、そばやうどんにする理由については、「三が日に餅を食べるとおできや腫れ物ができる（寺尾町・南大類町）とか、平家の落人《おちうど》であるので贅沢をしない（南大類町）」などといわれている（高崎市　二〇〇四）。

また、徳島県の三好《みよし》郡東祖谷《ひがしいや》山《やま》村久保でも、雑煮に餅は入れない。豆腐に特色があり、図5のように、椀に大きな親いもを三つ入れ、その上に長方形の豆腐二つを十文字に重ね、じゃこでだしを取ったすまし汁を上から注ぐという（「日本の食生活全集　徳島」編集委員会編　一九九〇）。

このように、餅の代わりにイモなどの根菜類やソバなどの雑穀類を使用する、いわゆる「餅なし正月」については、坪井《つぼい》洋文《ひろふみ》の『イモと日本人』『稲を選んだ日本人』に詳しい。坪井は、餅なし正月

図5　餅のかわりに豆腐を入れた雑煮と正月のごちそう（農文協プロダクション提供）

を「一家、一族、一村などの単位で、新年を迎えても餅を搗かず、神仏にも供えず、人間も食べないなどの禁忌としてあらわれる民俗である」と定義している（坪井　一九八二）。坪井は、各地の事例と由来について分析することを通して、稲を秩序の象徴とする稲作文化と、雑穀や根菜類を秩序の象徴とする畑作文化という異なる文化体系があり、先に存在していた後者の畑作文化が稲作文化に接触したときに現れたのが餅なし正月の習俗であると解釈した。

それに対して、安室知は、長野県内四三〇箇所あまりでの正月の儀礼食に関わる事例報告にもとづき、異なる見方を示している（安室　一九九二）。安室によると、従来の研究では、稲作に適さない畑作優位の山間地に餅なし正月が分布すると考えられてきたが、長野県の例ではその逆で、稲作優位の場所に多く分布しているという。また、餅の代用としてイモが過度に注目されてきたが、実際はそばやうどんなどの麺類も同様に正月のハレの儀礼食としての役割を担っていることを説明している。

小豆の汁もの　年始に小豆《あずき》を煮た汁ものを作る地域がある。「小豆汁」「小豆雑煮」「ぜんざい」など、地域によって呼称は異なるが、ここでは総称して小豆の汁ものと呼ぶ。小豆雑煮という呼称があるように、雑煮の一種としても捉えることができるものの、多くの地域でみられる、餅と野菜などを煮込んだ雑煮とは少し性格の異なるものだと思われるため、特筆する。

表は、『日本の食生活全集』から元日に小豆の汁ものを作る地域を抜粋したものであり、石川県の能登《のと》地方と、鳥取県、島根県の出雲《いずも》地方に色濃く分布していることがうかがえる。地域により、小豆を甘く煮るところもあれば、甘味ではなく塩を利かせるところもある。鳥取市では、小豆雑煮を食べるときに各自が好きなだけ砂糖を入れ、甘みを調整する家もあるという。また、鳥取県の三朝《みささ》町付近では、小豆雑煮に白餅ではなく栃《とち》餅を入れるという特色がある。

小豆の汁ものを作る期間は、元日だけという地域のほか、正月の間、数日に渡って作るという地域もある。筆者の聞き取り調査によると、出雲地方では、正月の期間に小豆雑煮と、宍道《しんじ》湖で採れる十六島海苔《うっぷるいのり》を入れた海苔雑煮の両方を作る家が多いそうで、例えば三が日は小豆雑煮、四日以降は海苔雑煮を作るなど、どこかのタイミングで雑煮の種類を変えることに特徴がある。

このほか、新潟県の佐渡《さど》をはじめ、兵庫県の北部、三重県の離島、長崎県などでも正月に小豆の汁

表　元日に小豆の汁ものを作る地域

地　　域	作り方・作る時期など
石川県輪島市町野町徳成 同市鵜入	三が日は小豆雑煮。
滋賀県近江八幡市沖島	家によって異なるが、小豆ぜんざいの家もある。
島根県松江市西浜佐陀町	元日早朝に若水を汲んで小豆雑煮を作り、神に供える。平餅の上に煮た小豆をのせ、食べるときに砂糖を加える。三が日は小豆雑煮で、４日からは味噌味や醤油味の雑煮を作る。
鳥取県鳥取市賀露	雑煮はぜんざい。小豆を甘く煮て、餅を入れて煮る。
鳥取県鳥取市桶屋町	鳥取市内では、士族の子孫の家は味噌雑煮、土着の家は小豆雑煮という傾向がある。小豆雑煮は、鳥取の特色の１つで、小豆は大晦日の晩に煮て調味しておく。元旦に食べるときに砂糖を自分で入れる家や、塩味で食べる家もある。
鳥取県東伯郡東郷町川上（現湯梨浜町）	元旦に若水を汲んで小豆雑煮を作る。小豆はやわらかく煮て味を調え､丸い餅を入れてさらに煮る。神棚に小豆雑煮を供えてから、家族が小豆雑煮で祝う。
鳥取県西伯郡大山町坊領	三が日の間、小豆雑煮を神に供えるとともに、家族も同じものをいただく。４日からは味噌雑煮になる。
鳥取県境港市高松町	同族によって異なり、さといもを入れた煮干しだしの雑煮を作る家のほか、甘い小豆雑煮の家もある。餅はどちらも丸餅。
岡山県邑久郡牛窓町（現瀬戸内市） 同県笠岡市真鍋島	三が日の間、小豆雑煮の家が多い。元日は味噌雑煮、２日はすまし雑煮、３日は小豆雑煮という家もある。牛窓では旧正月が明けるまで、何かと毎日のようにぜんざいを作る。
佐賀県佐賀郡諸富町東搦大字寺井津（現佐賀市）	すまし雑煮のこともあるが､ぜんざいの家が多い。
大分県宇佐市赤尾	月遅れの２月１日の元日には、醤油味や味噌味の雑煮を作る家もあれば、塩味の小豆雑煮の家もある。

出典　『日本の食生活全集 17　聞き書石川の食事』（1988 年）、『同 25　聞き書滋賀の食事』（1991 年）、『同 32　聞き書島根の食事』（1991 年）、『同 31　聞き書鳥取の食事』（1991 年）、『同 33　聞き書岡山の食事』（1985 年）、『同 41　聞き書佐賀の食事』（1991 年）、『同 44　聞き書大分の食事』（1992 年）

ものを食べる風習があると報告されている。例えば、三重県の神島《かみしま》では、大晦日の晩から元日にかけて執り行われるゲーター祭という特色ある行事のなかに、小豆汁が息づいている。この行事に参加する島の男性たちは、元日の早朝に一時的に帰宅するが、そこで小豆汁を食べてから行事に戻るのである。神島の小豆汁は、もとは塩で味を調えたものであったが、近年は甘い味つけをする家も増えている。

小豆との関連では、香川県の「あん餅雑煮」（図6）がよく知られている。多くの家庭では、にんじん、だいこん、ねぎなどの野菜が入った白味噌ベースの汁に、あんこ入りの丸餅を入れた雑煮を作る。また『日本の食生活全集』を参照すると、熊本県の球《く》磨《ま》地方にもあん餅の入った雑煮が伝わると報告されている。

図6　あん餅雑煮（香川県、伊藤隆撮影）

小豆の汁ものやあん餅の入った雑煮は、ほかの地域の雑煮とは大きく違うような印象を受けるかもしれないが、安室は、七草粥《ななくさがゆ》や小正月の小豆粥は本来、雑煮の一種であったと論じている。時代が下り、雑煮を食する機会が三が日の間に収斂していくなかで、七草粥や小豆粥が大正月から分化していったという。そして現在、その名残りとして西日本の一部の地域では、三が日に小豆の汁ものやあん餅雑煮を食べる習わしが残されているという（安室　二〇一五）。

6　変わりゆく雑煮

時代による変化　本稿でおもな資料として扱った『日本の食生活全集』は、高度経済成長期よりも前の時代を対象に、地域に受け継がれてきた伝統的な食生活を綴った資料であった。それから数十年経った現在、雑煮をめぐる状況は、どのように変わってきているだろうか。

こうした変化を考えるにあたり、地域が限定されるが、先述した三重県の「お雑煮プロジェクト」を糸口としたい。時代を比較する資料とするのは、大川吉崇の研究である。大川は、調査報告書や自治体史などを用いて、大正時代から昭和初期の三重県内における雑煮について、九つの地域に分けてその特徴を論じている（大川　二〇〇八）。この、いまから一〇〇年程前の状況と、二〇一一年（平成二三）度に実施した「お雑煮プロジェクト」の結果を見比べてみると、餅の形や汁の種類、具材といった各地域の雑煮の特徴は、思いのほか、おおむね受け継がれていることが明らかになった。図7は、大川が示した九種類の特色ある雑煮について、二〇一一年時点でも同様に作っている家庭で調理されたものであり、一〇〇年程前にみられた雑煮の地域性がいまも健在であることが示されている。

1. 三重郡朝日町　2. 津市芸濃町　3. 伊賀市馬場町　4. 名張市黒田町　5. 多気郡多気町　6. 鳥羽市神島町　7. 伊勢市常盤町　8. 度会郡南伊勢町　9. 熊野市神川町

図７　三重県内の雑煮の地域性

その一方で、時代が移りゆくなかで、変化してきた部分もある。そうした点について、三重県に限らず、全国的な状況を述べたい。

まず、正月行事を支えてきた信仰的な側面がみられなくなってきていることが挙げられる。家長が元旦に汲んだ若水《わかみず》を使って雑煮を作る習慣や、雑煮を神棚などに供え、神と人がともに食事をとるという観念は、次第に薄れてきている。正月に雑煮を作り、家族が揃って食べるという行為自体はいまも変わっていないものの、新年を迎えるにあたっての行事食としての雑煮の性格は、この数十年の間に大きく変わってきたといえる。

通婚圏の拡大と雑煮

また、進学や就職などを機に人の移動が活発になったことなどを背景に、通婚圏が拡大したことも、地域に伝わる雑煮文化に変容をもたらす要因となっている。近隣の人どうしが結婚するのが一般的であった時代、結婚した二人が生まれ育った実家の雑煮は大差ないことが多かっただろうし、もし違っていた場合も、妻が夫の家の雑煮を姑《しゅうとめ》から習って作るものだと考えられていたと思われる。だが、近年は、出身地が遠く離れた人どうしが結婚することも多く、双方の実家の雑煮がずいぶんと異なるという例も珍しくない。そうした場合、結婚後の雑煮の味はどうなるのだろうか。個人的な話で恐縮だが、鹿児島出身の父と新潟出身の母という筆者の東京の実家を一つの例として、家庭内における雑煮の変化を考えてみたい。

父が生まれ育った鹿児島の家の雑煮は、すまし汁に角餅で、具材には干しえび、豆もやし、さといも、三つ葉、どんこ（分厚いしいたけ）を入れる。母のほうも、すまし汁に角餅を入れる点は同様だが、新潟の雑煮は具沢山で、焼いた荒巻鮭《あらまきざけ》のほぐし身をはじめ、さといも、にんじん、ごぼう、あげ、なると、しいたけ、ほうれん草が入る。

結婚した当初、父は鹿児島風の雑煮を作ってほしいと母に頼み、しばらくは父方の雑煮が作られていたという。だが、結婚してから数年経つと、父の実家から鹿児島の雑煮に欠かせない干しえびが送られてこなくなった。母はスーパーで生のえびを入手して代用したこともあったが、干しえびを探してまで入れることはなかった。それから時は経ち、いつの間にか新潟色の強い雑煮に変わってきた。近年の雑煮は、さといも、にんじん、だいこん、ごぼう、あげ、なると、豆もやし、たけのこ、かいわれなどが入る具沢山の雑煮で、辛うじて豆もやしを入れるところに鹿児島の雑煮の名残が感じられる（図8）。

図8　新潟と鹿児島の折衷雑煮

夫婦の雑煮が異なる場合の対応として、筆者の実家のように、それぞれの雑煮を折衷したものを作るという例のほか、どちらかの雑煮のみを作る例、両方の雑煮を作る例があり、現代の家族のあり方が映し出されている。両方作る場合、元日に二種類の雑煮を作り、家族は好きな方の雑煮を選ぶという家庭もあれば、例えば元日は妻の雑煮、二日は夫の雑煮などと日を分けて作るという家庭もある。

こうした思い入れがみられるのは、雑煮が生まれ育った「ふるさと」の味として心に刻まれており、新年を迎えるという特別なときに、なくてはならない行事食であるからだと考えられる。これから先々、雑煮をめぐる状況はどのようになってゆくのか、変わらない面と変わりゆく面に目を向けつづけていくことが求められる。

参考文献

石井研士　二〇〇五年『日本人の一年と一生―変わりゆく日本人の心性―』春秋社
大川吉崇　二〇〇八年『三重県の食生活と食文化』調理栄養教育公社
小川直之　二〇〇三年「正月」新谷尚紀・波平恵美子・湯川洋司編『暮らしの中の民俗学2　一年』吉川弘文館
奥村彪生　二〇一三年「雑煮」新谷尚紀・関沢まゆみ編『民俗小事典　食』吉川弘文館
神崎宣武　二〇一六年『日本料理とは何か―和食文化の源流と展開―』農山漁村文化協会
喜田川守貞著、宇佐美英機校訂　二〇〇五年『「まつり」の食文化』角川学芸出版
曲亭馬琴編、堀切実校注　二〇〇一年『近世風俗志（守貞謾稿）四』岩波文庫
　二〇〇〇年『増補俳諧歳時記栞草　上』岩波書店

高崎市　二〇〇四年『新編高崎市史　民俗編』
タキイ種苗株式会社出版部編　二〇〇二年『都道府県別地方野菜大全』農山漁村文化協会
辻善之助編　一九三四年『鹿苑日録　第一巻』続群書類従完成会
坪井洋文　一九七九年『イモと日本人―民俗文化論の課題―』未来社
　一九八二年『稲を選んだ日本人―民俗的思考の世界―』ニュー・フォークロア双書、未来社
土井忠生他編訳　一九八〇年『邦訳日葡辞書』岩波書店
都丸十九一　一九八八年「餅なし正月と雑煮」『日本民俗学』一七四号
豊田武・飯倉晴武校訂　一九七三年『山科家礼記　第五』続群書類従完成会
「日本の食生活全集」編集委員会編　一九八四―九三年『日本の食生活全集』全五〇巻、農山漁村文化協会
農山漁村文化協会編　二〇〇二年『聞き書ふるさとの家庭料理第五巻　もち　雑煮』
萩原左人　二〇〇九年「肉食の民俗誌」古家信平・小熊誠・萩原左人『日本の民俗12　南島の暮らし』吉川弘文館
塙保己一編　一九一二年『続群書類従　第一九輯下』続群書類従完成会
平山敏治郎・竹内利美・原田伴彦編　一九六九年『日本庶民生活史料集成　第九巻風俗』三一書房
文化庁編　二〇〇五年『全国から集めた伝統の味　お雑煮一〇〇選』女子栄養大学出版部
松下幸子　一九九一年『祝いの食文化』東京美術選書61、東京美術
みえミュージアム活性化事業実行委員会　二〇一二年『お雑煮プロジェクト～新博ティーンズプロジェクト PART Ⅲ～成果報告書』

安室　知　一九九一年「餅なし正月・再考―複合生業論の試み―」『日本民俗学』一八八号
一九九九年『餅と日本人―「餅正月」と「餅なし正月」の民俗文化論―』雄山閣出版
二〇一五年「正月の雑煮に入れる餅は丸か四角か？―列島の地域性―」福田アジオ編『知って役立つ民俗学―現代社会への四〇の扉―』ミネルヴァ書房
柳田国男　一九三六年「餅なほらひ」『一橋新聞』昭和一一年一月（のち一九六九年『定本柳田国男集第一四巻（新装版）』筑摩書房）
渡部忠世・深澤小百合　一九九八年『もち（糯・餅）』ものと人間の文化史、法政大学出版局

しとぎと団子――神仏への供物――

関沢まゆみ

1　しとぎ

米を生で食べる習慣　しとぎ（粢）は、粳米《うるちまい》を洗って一定の時間水に浸し、それが柔らかくなったら小さな臼《うす》に入れて、手杵《てぎね》（竪《たて》杵）で搗《つ》きくだいて粉にして、その粉に水や湯を入れてこねて作るハレの食物である。中央を高くした鏡餅のような丸い形や、鳥や動物の形に成形されるのが特徴である。柳田国男《やなぎたくにお》は、しとぎは古い語であり、その製法に関連して米を生で食べる習慣があったという（柳田一九三九）。そして、カラコ、オカモチ（信州《しんしゅう》から越後《えちご》）、シラコモチ、シロモチ（美濃《みの》から東海一帯）、オスガタ（信州）などと呼ばれ、また「我々の作っていたシトギは、必ずしも常に団なるものとは限らなかった。長くも平たくも節ごとの旧慣によって、いろいろの形が好まれていた」ともいう。節の日の例として、五月の節供《せっく》の巻餅《まきもち》や粽《ちまき》、三月のひなの節供に米の団子で鯛《たい》や鶴亀、七福神などを作る例（尾張《おわり》、三河《みかわ》）、二月の涅槃《ねはん》の日にヤセウマと呼ばれる細長い団子やオネジと呼ばれるねじり団子のほかにカブやニンジンなど野菜の形を作る例（中部地方）、盆の送りにセナカアテと呼ばれる薄い平たい形の団子、鬼の舌と呼ばれる楕円形の団子、編み笠焼きと呼ばれる笠の形をした焼き餅などが作られる例（中部地方）、八朔《はっさく》の獅子駒《ししこま》に米の粉で動物の形が作られる例（香川県高松地方）ほか、さまざまな例が伝えられている。なかでも、柳田は信州のオスガタに象徴されるように、「上尖りにできるだけ高く作れる」ことが人間の心臓と似せて作ることとつながり、それゆえこれがハレの食物として選ばれた理由であると推測している。

また、生米を食べる古い習慣については、「節供の粉食の最も主要なるものは、昔から粢であった。粢は水に浸した柔らかな米を、搗いて粉にするのが通例で、神仏にはそれを生のままで供え、子供なども時折は生で食べるから、本来はこれが本式の食い方であったらしい」という（柳田　一九四〇）。それが人間のほうは、生米を食べる習慣がなくなり、煮たり蒸したり焼いたりして食するように嗜好が変化したのだというのである。

しとぎから「ただ米の餅」へ　二〇一六年（平成二八）の年末、栃木県芳賀《はが》郡市貝《いちかい》町田野辺《たのべ》の旧家、永野豊氏の家で正月の餅搗きが行われた。糯米《もちごめ》による鏡餅をはじめたくさんの餅を搗き終わった後、豊氏の妻（一九四一年〈昭和一六〉生まれ）が、「お母さんが作ってくれた米の餅がおいしかったので、今年はそれを作る。ただ米（粳米）の餅だ。名前は忘れてしまったが」といって、石臼でひいてきた米の粉に熱湯を注ぎながら、菜箸《さいばし》で手早くまぜて、ちょうどよいかたさになると、「熱い、熱い」といいながらちぎって真中を高くつまむようにして円錐のかたちにして、蒸し器に次々と立てかけていった。「中が生でなくなるまで蒸さないとおいしくない」といって、竈《かまど》で蒸し、一つとって味をみて芯がないことを確かめてみる。そして、この蒸したてがおいしいといって、いくつか醤油《しょうゆ》をつけて皆も食べた。それから、餅つき機で搗いて取り上げると棒状にひとまとめにした。ふつうの糯米の餅ではなく、粳米の餅の製法が伝えられていたのである。そして、ここで注目されるのは、生ではおいしくないからよく蒸して火を通すという点である。ふつうの餅のように糯米を蒸してから搗くという形以前の、粳米を粉にして湯や水でこねてつくるシトギの製法に共通するものである。そのシトギが調理器具の普及と味覚の変化によって、新しい餅にとってかわられ、それよりも一つ前の古い食物となっていったのだろうということが考えられる。

図１　米の粉のモチ　熱湯で米の粉をねり、手で捏ねて蒸す。

柳田はシトギについて、①米を生で食べる習慣を伝えている古い食物である、②形を自由に作れるが中央を高くした形は人間の心臓に似せており神祭りや節供などハレの日の食物として選ばれた、など他の食物にない意味を見出していた。

2　神事としとぎ

厳島神社の御鳥喰神事としとぎ　しとぎは江戸時代中期成立の『和漢三才図会《わかんさんさいずえ》』（一七一二年〈正徳二〉序）でも「いにしえは祭るに多用」されたとあるが、今でも神社の神饌《しんせん》として伝承されてきている。

安芸《あき》の宮島《みやじま》の厳島《いつくしま》神社では、三月と九月の七浦《ななうら》神社祭と五月一五日の宮島講の講社《こうしゃ》大祭のときに、島の七つの浦に祭られている末社《まつしゃ》を船で巡拝する御島廻《おしまめぐ》り式が行われている。御師《おし》と伶人《れいじん》と呼ばれる厳島神社の神職二人が、米粉を持参して船頭のこぐ船に乗り、島を右手に見ながら、長浜《ながはま》神社↓杉《すぎ》ノ浦《うら》神社↓包《つつみ》ヶ浦《うら》神社↓鷹《たか》ノ巣《す》神社↓腰細浦《こしぼそうら》神社↓青海苔浦《あおのりうら》神社↓養父崎《やぶさき》神社↓山白浜《やましろはま》神社↓須屋浦《すやうら》神社↓御床《みとこ》神社↓大元《おおもと》神社の順に巡拝する。杉ノ浦を出ると手桶に海水を汲み取り、その水で米粉をねって丸くしたシトギ団子を、包ヶ浦神社の供饌《きょうせん》二個と内侍岩《ないしいわ》への供饌として幣串《へいぐし》に巻きつける分一個、御鳥喰《おとぐい》神事用に六個か八個（偶数個）作る。養父崎神社の社前、約二、三丁の沖合で船を停め、三尺四方の薄い板片を並べたものに薦《こも》をつけ、その中央部分に径七、八寸くらいの六角形の板の囲いを作り、その内側に藁《わら》束を入れ、野苺《のいちご》の葉を数枚敷いたところに六個か八個（偶数個）のしとぎを載せて御幣《ごへい》を三本立てて、海に浮かべる。伶人が新楽乱声《しんがくらんじょう》の笛の奏楽を続けるなか、神烏《ごがらす》様が現れるのを待つ。不思議なことに、その神烏が現れるとしとぎをついばんで神社の森にかえっていく。これを「あがる」といい、御島廻りを依頼した願主と参加した者は、無病息災、家内安全の御利益があるといわれてきている。

『房顕記《ふさあきき》』の一五八一年（天正九）の記事に「当社ノ神秘ハ多々アリトハイヘドモ、彼ノトクヒハ取

図2　厳島神社の御烏喰神事（中国新聞社提供）
海上に浮かべたしとぎを神烏がついばみあげた瞬間。

リ分ケ、御神秘ノ故、房顕、同五月十六日ニ島廻ヲ申ス処ニ、烏ハ二羽、ヤブサキノ社頭廻リニ渡リ候ヘドモアガラズ候間、色々立願ドモ、七浦ノ社、午王《ごおう》十社、百韻《ひやくいん》ノ連歌《れんが》、速田《はやた》ノ御供《ごく》、進宮ノ願書ドモ仕リ候テ祈念申ス処ニ、先例ノ如ク、ハルカノ海上ニトクヒ上リ申スノ条、上和、当島安堵《あんど》ス、コノ節ノ条ヲ書記シ畢《おわ》リヌ、ソレ以後、元良ト内藤小七郎ト二ヶ度烏喰上リ申シ候」とある。

その当時、すでに御島廻り式と御烏喰神事が行われており、神烏様が上がらないときもあれば、上がったときもあったことがわかる。

御島廻りについては、一七〇二年（元禄一五）の『厳島道芝記《いつくしまみちしばのき》』に、三女神の鎮座地をさがして浦々を廻ったことに由来するとある。また、この鎮座伝承の時代ごとの変遷を分析した新谷尚紀によれば、厳島神社の神の使いとしての烏に対する信仰、そして女神が食事を求めたので米を海水で洗って供したという伝承が御島廻り式における神饌のしとぎの調製法に通じることなどは、『長門本平家《ながとぼんへいけ》物語《ものがたり》』や『厳島御本地《いつくしまのごほんじ》』などが伝える古代末から中世にかけての古い時代からの重要な神事伝承であった可能性があると指摘されている（新谷　二〇〇〇）。

御烏喰神事の神饌としてのしとぎの伝承は、その他にも愛知県の熱田《あつた》神宮摂社御田《みた》神社の三月一七日と一一月二三日に神殿屋上にしとぎを投げ上げる例のほか、若狭《わかさ》大島のニソの杜の神饌のシロモチや、かつて日本各地で伝えられていた烏勧請《かんじょう》や田の神祭り、霜月《しもつき》祭りなどの民間の行事のなかにも数多く伝承されている。

美保神社の神饌としとぎ

島根県松江市美保関《みほのせき》の古い神社、美保神社で行われる四月七日の青柴垣《あおふしがき》神事、五月五日の神迎え神事、そして一二月三日の諸手船《もろたぶね》神事では、オストギと呼ばれる神饌が供えられる。これは、美保関で「ただ米」と呼ばれる粳米を粉にしたものに、湯を冷ましたのを少しずつ入れて固さを見ながら鏡餅のような形に丸めて作る。神事の後、直会《なおらい》が始まる前に、宮司から下座へと、このオストギを前に御幣を左右左に祓って回していくオハジキと呼ばれる儀式が行われる。オストギは、子供がたんこぶなどを作ったときに、ちょっと砕いて水で溶いてつけると、じきにパリンパリンとはがれて、熱がひくのも早いといわれ、大切な御下がりである。今では冷凍保存している家が多い。

図3　オストギと呼ばれる美保神社の御神饌

美保神社の青柴垣神事は、三月一日に人別《ひとわ》けという行事があり、一の頭家《とうや》と二の頭家とに宮座の者が分けられ、それぞれの頭家の神事の準備が始まる。竹細工や神饌の用意など三月いっぱいかかって行われ、トコロ芋、餅の細工や木の実など決められた神饌がオオイカゴと呼ばれる竹籠《たけかご》に入れられて、大棚の前に供えられる（和歌森　一九五五）。三月二八日が米とぎで、頭家は「ただ米」を約一〇キロ洗い上げて干す。四月一日の夜、小学校に上がる前の女の子が晴れ着を着て、神社の会所で臼に入れたその米を竪杵で搗いて粉にする。これをコハタギという。この時は世話人のコハタギ唄に合わせて搗く。粉をふるって、残っている米は石臼で粉にひく。そして、翌日、この粉を蒸して今度は横杵で餅を搗くようにして搗き、一の頭家と二の頭家はそれぞれ、居鶴、立ち鶴、犬と猿、亀やみみずくを作り、大豆で目をつけたりして、できあがると、決められたもの同士を竹籠に納める。四月五日に宮司によってトリアゲが行われる。宮司が大棚の前に屛風《びょうぶ》を立てて見えないようにして、炭火に鉄鍋《てつなべ》をかけ油を入れて熱し、籠から亀や鶴、みみずくなどを順番に取り上げて、揚げる。このトリアゲで神饌の準備が終わる。

この青柴垣神事の数々の神饌のなかでも、トリアゲはとくに重要とされている。この鶴、亀、犬、猿、みみずくなどの作り方は、まずコハタギといって七歳前の少女が米を竪杵で搗いて粉にする、残った米は石臼でひいて粉にする、粉を蒸す、臼と横杵で餅を搗くように搗く、そして鳥や動物たちの形を作る、という作業工程がみられる。同じ米の粉で作る神饌でも、オストギはただ米を粉にしたら湯を冷ましたのを少しずつ入れて固めるだけの単純なものであったのに比べて、トリアゲは蒸すとか横杵で搗くという、歴史的に新しい製法が加わっていることがわかる。オストギは米を生で食べる製法であるのに対し、トリアゲは米を蒸して生でないようにしている。石臼と横杵、そして蒸すという製法の普及によって、しとぎが餅の作り方を取り入れていった過程が追跡できる典型的な事例といえる。

このような御烏喰神事や青柴垣神事のほかにも、神祭りにしとぎが用いられる例として、江戸時代後期の『諸国風俗問状答《しょこくふうぞくといじょうこたえ》』には、春秋の彼岸《ひがん》七日の間に「川祭とて、水神罔女命を祭。神主を頼て、川の中に竹の四本柱を建、わり竹にてゆかをかき、棚をつり、注連《しめ》をはり、幣《ぬさ》・神酒《みき》、又しとぎとて、米をしばらく水にひたし置、臼にてつきて、藁をまげ、ごきといふものを作り、それにしとぎを月の数盛りて供、此しときつく人は、父母もたぬものは忌也」（肥後《ひご》国天草《あまくさ》郡風俗問状答）、一月六日の山の神祭りに「しとぎと云生米餅を供す」（近江《おうみ》国多羅尾《たらお》村風俗問状答）などの記録がみられる。

3 団子

団子という新語　しとぎのうち、丸く作るものが団子と呼ばれるようになった。東北地方ではダンス、ダンシ、オマルなどといい、滋賀県下ではツクネモノという。ツクネルは「捏《こ》ねあげる」ことで、本来、生粉の塑造であったためにその名前を継承している。山梨県下ではカラコ（しとぎ）の白餅だけをオダンスと呼ぶなどの例がある。

団子という用語は、平安時代中期に藤原明衡《ふじわらのあきひら》によって書かれた『新猿楽記《しんさるがくき》』の「七の御許《おもと》とその夫（食歎愛酒《しょくたんあいしゅ》と馬借《ばしゃく》）」に、七番目の娘は食い意地のはった酒好きの女で、その好むものが書き連ねられている。その一文に、「菓子《くだもの》ニハ核《さね》ナキ温餅《あたたかげ》、粉勝《こが》チノ団子《だんご》、熟梅《うみうめ》ノ和《やわら》カナル、胡瓜《きうり》ノ黄バメル」（菓子では、あんこのない温餅、黄粉《きなこ》がちの団子、熟しきってやわらかくなった梅の果、黄いろくなった胡瓜）とあり、ここに「団子」という名称がみられるのが早い。鎌倉時代末の『厨事類記《ちゅうじるいき》』には「団喜《だんき》」、南北朝期の『拾芥抄《しゅうがいしょう》』には「団子《だんす》」などがみられる。団喜（歓喜団）は、遣唐使が日本に持ち帰った八唐菓子《からかし》の一つで、緑豆、米の粉、蒸し餅、ケシ、乾燥レンゲなどをねってゆでて作られた。

そもそも団子の「団」は外来語であり、仏教徒の「壇供《だんく》」に由来するといわれる。「壇供」は平たい丸い餅で、東大寺の修二会《しゅにえ》ではたくさん供えられることがよく知られている。また、『鹿苑日録《ろくおんにちろく》』（一四八七年〈長享元〉―一六五一年〈慶安四〉）に「前代古帳見之。則正月壇供鏡」（一五九二年〈文禄元〉二月二四日条）と記されており、壇供が正月の鏡（餅）として供えられていたことがわかる。

また、柳田国男《やなぎたくにお》は「愚か聟《むこ》」の昔話を例に、団子が新しい食べ物であったことを指摘している。愚かな聟が嫁の里で団子をごちそうになって、このおいしい食べ物の名前は何か尋ね、「団子」というのを繰り返し唱えながら帰郷した。その途中、溝を飛び越えたときに「ピョイトコサ」などと口にすると、その後は「団子」を忘れて「ピョイトコサ」と繰り返し唱えて家に帰った。嫁に「ピョイトコサ」を作ってくれと頼んだが、嫁は何のことかわからない。怒った聟が嫁を火吹き竹で殴るとたんこぶができて、「おう、その団子よ」と伝えることができたという話である（柳田　一九三七）。

旅中の名物としての団子

江戸時代前期の井上了意《いのうえりょうい》による『東海道名所記《とうかいどうめいしょき》』には、「坂（宇津山《うつのやま》）の上り口に茅屋四五十家あり、家毎に十団子《とをだんご》をうる、其大さ赤小豆《あずき》ばかりにして、麻の緒につなぎ、いにしへは、十粒を一連ねしける故に十団子などといふならし、これにつきて、不図《ふと》思ひ出せし事あり、四月十六日に、三井寺《みいでら》にせんだん講といふ事あり、それを俗に千団子といひならはし、団子一千をつくりて、もちてまいれば、子どもの首《かみ》かたしとかや申つたへし」とあり、東海道の難所の一つであった駿河《するが》国宇津山の坂の上がり口で小豆ほどの大きさの十団子が売られていたこと、また三井寺の千団子祭（千団子講、栴檀《せんだん》講とも）で団子をもって参る風習があったことなどがわかり、江戸時代の前期において寺への供え物や旅の道中での売りものになっていたことがわかる。これより少し早い室町の頃に京都、下鴨《しもがも》神社の水無月《みなつき》の祓《はらえ》の時の串にさした御手洗《みたらし》団子が売られていたが、団子は人びとの旅の途中で、あるいは神社参詣の時に手軽に口にする食となっていた。

4　供物としての団子

年中行事の中の団子　文化年間（一八〇四―一八）に幕府の奥儒者屋代弘賢《やしろひろかた》が各藩に送った『諸国風俗問状《しょこくふうぞくといじょう》』に、二月一五日の涅槃会《ねはんえ》に「だんご・粟飯《あわめし》など供候歟《そなえそうろうか》、其外《そのほか》殊なる事候哉」、彼岸《ひがん》にも「団子を供候は通例、猶何等《なおなんら》の供物候哉」、八月の月見に「芋・団子をそなふる事通例、此外に何そ異なる供物食品も候哉」と尋ねており、江戸ではこれらの年中行事において団子が供え物として作られているのが通例と認識されていたことがわかる。

また、この問状に対する回答例から、団子が用いられる年中行事に留意してみると、涅槃会には「団子、菓子等の外なし。粟飯を供することもなし、但し、団子を作るに、蓬《よもぎ》を入て外へは豆粉をつけ、形をなどやうにして、オシャカ様の鼻くそと称して喰ふこともあり」（三河《みかわ》国吉田領）、彼岸には「彼岸中に団子を内仏《ないぶつ》へ備へ申候」（陸奥《むつ》国白川領）、「家々団子を仏に供ふ」（伊勢《いせ》国白子《しろこ》領）、「団子を供、七日の間に、諸人庵寺に詣づ。読経・説法などある也」（肥後《ひご》国天草《あまくさ》郡）などとある。

また、盆には「町在にては、魂棚《たまだな》に葉のつき候竹を四方に立、ひばの葉をさげ、棚を拵《こしらえ》、真菰《まこも》のむしろを敷、先祖代々の牌をかざり、膳供は餅、だんご、素麺抔《そうめんなど》そなへ、其外わか和布《わかめ》、根芋、枝豆、瓜《うり》、夕顔、胡瓜《きゅうり》、茄子《なす》、ささげ、柿、稲穂等、すべて其節の初もの有之候へは、くと〱くささげ中候」（陸奥国白川領）、「十三日夕白粉の団子、十四日朝白粥《しらかゆ》、汁くさぎ、豆、なす、牛蒡、ささげ、夕飯常体さい、莧和《ひえあえ》味噌にて、十六日朝飯常体さいもみ菜、茶は始終末茶《まっちゃ》也。水の中へ聊かづゝ入れて供す」（三河国吉田領）、月見には「八月十五夜、月見の宴なと或いは備物団子あづきなど付ず白だんごなり。芋、枝豆、柿、栗等を備へ、薄《すすき》、野菊などをそへ備申候」（陸奥国白川領）、「芋、団子通例無異事」（常陸《ひたち》国水戸領）、「多くは団子のみにて、芋を供ふる事も稀なり。多くは団子を汁に煮る家多しまた小豆の粉などつくるもあり」（三河国吉田領）、「家々にて芋・だんご月に備、造酒あげ、家内もこれを祝ふ。団子も鋳物《いもの》形チなり」（紀伊《きい》国和歌山）、一二月二三日の大師《だいし》講《こう》には「いかなる家にも団子入たるかゆを煮て供し侍り」（越後《えちご》国長岡領）、二月八日には「事始《ことはじめ》とて赤小豆団子を調し、神仏に供し、長き竿に籠《かご》をつけて入口などに出しておく。是はいにしへ武甕槌命《たけみかづちのみこと》魔人（鬼）を征伏し玉ふに、二月八日に軍事始り、十二月八日に軍事終る。其世の人、靫《ゆぎ》に矢を入て奉りしとぞ。今に籠を出すはそのまねびにて、疫神をやらふ意也といふ」（越後国長岡領）などとある。

これらの回答例から、涅槃会、彼岸、盆、月見のほか、大師講や事始など年中行事の折々に日本各地では団子を作って供え、食していたことがわかる。

月見団子　このように江戸時代後期の記録にある折々の年中行事と団子の伝承はその後も継承されてきた。民俗のいくつかの事例から団子の意味をみてみたい。まず、八月十五夜と九月十三夜には白い月見団子が供えられる。昔は縁側に月見団子を盛った台が据えられていたが、この団子はどの家の子供が盗んでもよいものとされていた。その一方、嫁入り前の娘は団子を食べてはいけないともいわれた。子供が供え物などを黙ってとっていく民俗は、コトコト、鳥追い、カセドリと呼ばれる小正月の行事にもみられ、これについて民俗学では「小正月の来訪者」すなわち神が家々を訪れるもので、とっていかれることでその家に福がもたらされると解釈されてきた。ただ、その一方、嫁入り前の娘が月見団子を食べることを禁じるのは、折口信夫《おりくちしのぶ》の月と月経との関係性への洞察（折口　一九七〇）から、小正月や十五夜に嫁の尻を子どもたちが棒で叩いて多産のまじないとする嫁叩き習俗から、ともに月の豊饒性をめぐる解釈が示されている（新谷　二〇〇五）。『古事記』にあるヤマトタケルと尾張《おわり》のミヤズヒメの結婚の神話から、月の初めの「ついたち」という語の起源は「月立ち」で、女性の月経

図4　月見団子（萩原秀三郎撮影）

の始まりを意味するという折口の解釈をもとに、その周期から満月には女性の生殖力が連想され、この満月の日に、満月を模した団子を嫁入り前の女性が食することは「孕む」ことを連想させるため、禁じられているのだという解釈である。

厄除けの団子　東北地方の村落では、正月に村の人が総出で藁人形《わらにんぎょう》を作って村境に立てる習俗が伝承されている。たとえば、岩手県和賀《わが》郡湯田《ゆだ》町左草《さそう》では、二月一一日に男女一体ずつの疫病人形を作って、厄年の男性が村境まで担いでいく。藁人形の腕や腰の刀に、団子と五円玉を吊るす。団子は各家で家族の人数分作って持っていく。だいたい四〇～五〇個ぐらい団子が吊るされる。左草では村境まで担がれていった人形の団子を家に帰るまでの間に食べれば「病気にならない」といわれ、また五円玉をもらって財布に入れておけば「お金に困らない」ともいわれている。団子は一度藁人形に吊るされて村境に棄てられたことで厄が払われ、無病息災の縁起物に転換するのが特徴である。団子はお金とともに人びとの厄災を吸い着けてくれるものとされており、各地の厄払いの習俗では、新しい年の始めに、このように日ごろ積もらせてきた厄・ケガレを豆や餅、団子、金銭に託

図５　厄除けの団子（岩手県和賀郡湯田町左草）　藁人形の腕につるした団子を食べると厄除けになるという。

して祓えやると、その厄・ケガレが逆転して縁起物になることが民俗学では注目されている。

　また、宮城県下や山形県下では二月八日と一二月八日のコト八日《ようか》の行事で、団子を木に刺しておいてカラスに食べさせることによって厄送りとする例が伝えられていた（文化庁編　一九六九）。

葬式の枕団子　死者の枕元には、生前使用していた茶碗に山盛りにしたご飯に箸《はし》を突き立てた枕飯や枕団子が供えられる。死者が善《ぜん》光寺《こうじ》に参る時の弁当なので、できるだけ早く作るものだともいわれている。この枕団子は葬儀においても祭壇に供えられ、野辺送りには喪主の妻が膳《ぜん》持ちと呼ばれる役をつとめ、大切にこれを墓地まで運ぶ。その時、膳持ちは後ろを振り返ってはいけない、転んではいけないなどといわれている。膳持ちが後ろを振り返ると死者が何か忘れ物をしているとか、転んだら、着物の片袖を破って地面においてこないと自分がひっぱられる（友引きの感覚）ともいわれる。そして、墓地に遺骸を埋葬するとそこに膳も置かれた。翌日、身内の者はもう一度墓参りに行くが、その時、枕団子の色が黒く変わっているとよいとか、烏に食われているとよい（成仏できた）などといわれる。死んですぐに作られた枕飯や枕団子は、死者の霊魂がよりつくところであり、埋葬した後、その色や形状によって死者の霊が成仏したかどうかを占う、そのような役割を有していたのである。また一方では、長寿の人が亡くなった場合の枕団子をもらって食べると長寿にあやかるともいわれた。

団子は、おいしい米の加工品というその味とともに、一方その形状が丸いというところから、満月と豊饒・「孕む」という観念を生じさせたり、米の霊力とも関連して霊魂や邪霊やまた厄災のよりつきやすいものとみなされたりしてきたというのが一つの特徴として指摘できる。

5　日常食としての屑米や雑穀の粉の団子

米節約の中での工夫　一年のうち、月見や葬式など特別な儀礼の日には、上質の米の材料を使って粉にひき、成形して、ゆでたり蒸したりして団子が作られるが、かつては砕米《くだけまい》や屑米《くずまい》や粃《しいな》と呼ばれる籾《もみ》が混じったような米粉など、それだけでは調理できないような粗雑な米を団子にしてふだん食することが普通に行われていた。そして、その団子の種類はひじょうに多く、野菜汁に入れて煮たり、焼いたりして食べられていた。

実際に日本各地で民俗調査をした瀬川清子《せがわきよこ》『食生活の歴史』によれば、「米をつくる農家では穀物を調製する際に屑米が沢山できた。十分実が入らなかった粃を粉にしてつくったものがシイナ団子、籾ごなしの時に出る胚芽粕を粉化してつくったのはメカス団子・メクソ団子、落ちこぼれの米粒を掃きよせたものでつくる土穂《つちぼ》団子、其他稗《ひえ》団子、粟《あわ》団子、黍《きび》団子、蕎麦《そば》団子、小麦団子等種々ある」（瀬川　一九五六）。そして、東北地方では屑米のむし団子には味噌《みそ》をつけて食べ、前日に作っておいた蕎麦団子を囲炉裏《いろり》の火所《ほど》で焼いたのを山にいく道々かじったり山行きの弁当にしたりした。また、搗《つ》くこともできないような「やくざ米」を石臼《いしうす》で挽《ひ》いて粉にして、団子を作って、野菜の味噌汁《みそしる》に入れて食べる煮団子は、ヒッツミ団子、トッテナゲ汁、ウキウキ汁、ワカシなど地方によっていろいろな呼称があった。

島根県の山村では、小麦・黍・蕎麦などの粉を団子にして大根・甘藷《かんしょ》・茄子《なす》・馬鈴薯《ばれいしょ》・菜などの味噌汁に入れたのを雑煮といって日に一度は食べたという。瀬川は「米の不足に困っている今日（註・昭和三十二年当時）では、そうは思わないが、以前都会や町の米食を主としている人たちには、種々な麺類や団子は臨時の変わりもの、めずらしいものであったが、同じ頃の農村で日常食の一部に団子や麺類を用いる地方があった」といい、団子の用いられ方が都市部と農村部とで大きな差があったことを指摘している。

農林水産省農蚕園芸局普及部生活改善課編『村の歴史とくらし』（農山漁家生活改善技術資料収集報告書）には、明治末から大正の頃（昭和五〇年代に七〇歳代の男女が子どもだった頃）の食事について、主食には団子を入れたおかゆや汁ものをよく食べたという語りが複数載せられている。

朝食に「いるご（実が完熟していない米：くず米）を粉にし、だんごにして食べた。また、それをおかゆのなかに入れて、どろどろにした「ぞろ」を食べました。それにお菜は、だいこんなどの漬物だけでした」（富山市伊勢領、一九〇五年〈明治三八〉生まれの子どもの頃の食事）（農林水産省農蚕園芸局普及部生活改善課編　一九八一）。このゾロという名称は各地にあり、みのりの悪い稲の籾を煎って粉にした粥《かゆ》をゾロというところ、屑米の粥をいうところ、野菜汁に屑米団子を煮込んだものをいうところなどがある（瀬川　一九五六）。

主食は「丸麦七に米三の割り合いで、夕食はありあわせの野菜を切りこんだ、だんご汁かおじやで。米の飯は、盆か正月か、祭りか、生き死にだけ」（大分県大野郡三重《みえ》町宮尾〈現豊後大野市〉、一九〇二年生まれの子どもの頃の食事）（農林水産省農蚕園芸局普及部生活改善課編　一九八一）。

「団子もよく食べた。米をつく時落ちる粉を芋や大根を入れて量増《かさ》しして団子にした。団子は夜ねって朝煮て食べた。二月の初午《はつうま》（二月第一午の日）にはそば団子や米団子を食べたが、この日は他の物を入れないのでうまかった。この時の団子は養蚕の調子の良いことを祈ってまゆ型にしてゆでて作ったが、これをあねかえして（再度蒸すこと）食べるとうまかった。稗をついた時にできる粉も団子にしたことがあった」（岐阜県郡上《ぐじょう》郡大和《やまと》村〈現大和町〉、明治生まれの四名による「昔のくらし」より）（農林水産省農蚕園芸局普及部生活改善課編　一九七六）。石毛直道は「日常の主食としての米の粉製品は、屑米を製粉したり、米を自家精白したときに出る粉を利用した団子である」（石毛　一九八五）と述べているが、屑米や石臼で精白した後の米粉も大切にし、このままでは溶けてしまうので、少しでも食感を残すために、丸めて煮るというひと手間かける主婦の知恵が込められていたものと考えられる。

儀礼食と郷土食の伝承動態　現在では、甘味としての団子は継承されているものの、日ごろ、日常食として団子を食べることはなくなっている。団子汁は大分県の郷土料理（二〇〇七年〈平成一九〉に「農山漁村の郷土料理百選」）として位置付けられており、それは小麦粉を塩水でねってちぎって平たく押した形状にしたものを、ニンジン、牛蒡《ごぼう》、しめじ、豚肉などと味噌味（醤油《しょうゆ》味）に煮て食べる。かつては、米の節約のために工夫されていた粗末な日常食であったものが、現在では栄養のバランスのよい郷土食として伝承されているのは、山梨県のほうとうなどとも同じである。この団子やしとぎも含めて、食の民俗伝承の中には、儀礼食の中に古い時代に工夫された調理法が根強く残され、日常食の中にこのような時代ごとのしなやかな活用法、価値の逆転や入れ替わりという変遷、そして時代ごとの賞味の工夫という伝承が見出されるのである。

参考文献

石毛直道　一九八五年「民衆の食事」網野善彦他編『日本民俗文化大系10　家と女性』小学館
折口信夫　一九七〇年「月および槻の文学」『折口信夫全集　ノート編第2巻』中央公論社
新谷尚紀　二〇〇〇年『神々の原像』歴史文化ライブラリー、吉川弘文館
　二〇〇五年「消滅する民俗―嫁叩き習俗の深層―」『柳田民俗学の継承と発展』吉川弘文館
瀬川清子　一九五六年『食生活の歴史』講談社（のち一九八五年、東京書房社）
農林水産省農蚕園芸局普及部生活改善課編　一九八一年『村の歴史とくらしⅧ』
農林水産省農蚕園芸局普及部生活改善課編　一九七六年『村の歴史とくらしⅢ』
平山敏治郎・竹内利美・原田伴彦編　一九六九年『日本庶民生活史料集成　第九巻風俗』三一書房
藤原明衡著、川口久雄訳注　一九八三年『新猿楽記』東洋文庫、平凡社
文化庁編　一九六九年『日本民俗地図Ⅱ』
柳田国男　一九三九年『木綿以前の事』創元社（のち一九九〇年『柳田国男全集17』ちくま文庫）
　一九四〇年「食制の研究」『食物と心臓』創元社（同前）
　一九三七年「団子と昔話」『ひだびと』昭和一二年三月号（のち一九三九年『木綿以前の事』創元社、一九九〇年『柳田国男全集17』ちくま文庫）
和歌森太郎　一九五五年『美保神社の研究』弘文堂（のち一九七五年、国書刊行会）

執筆者紹介（生年／現職）―掲載順

新谷尚紀（しんたに　たかのり）一九四八年／国立歴史民俗博物館名誉教授、國學院大學大学院客員教授
加藤幸治（かとう　こうじ）一九七三年／東北学院大学文学部教授
石川尚子（いしかわ　なおこ）一九四二年／元東京都立短期大学都市生活学科助教授
石垣　悟（いしがき　さとる）一九七四年／東京家政学院大学現代生活学部准教授
小川直之（おがわ　なおゆき）一九五三年／國學院大學文学部教授
門口実代（かどぐち　みよ）一九八三年／三重県総合博物館学芸員
関沢まゆみ（せきざわ　まゆみ）↓別掲

索　　引

あ　行

青柴垣神事（島根県美保神社）………205
赤粥 ……………………………………45
赤米 …………………………89, 115-117
アカママ　→赤飯
赤まんま供養（東京都）………………119
アカメシ　→赤飯
小豆 ……45, 110, 120, 124-126, 131, 133, 189, 191
小豆餡 ……………………124, 131, 133
小豆粥 …………………………………191
小豆汁 ………………………189, 191
小豆雑煮 ………………………………189
小豆飯 …………………………………132
あぶらげずし …………………………99
編み笠焼き ……………………………200
アユの生成 ……………………………92
粟 ………………………………………16
粟団子 …………………………………215
粟茶粥 …………………………………66
アワモチ（粟餅）………………26, 154
アンプ …………………………………25
あん餅雑煮 ……………………………191
飯 …………………………………42, 46
イガイ飯 ………………………………70
飯ずし …………………………91, 97, 102
稲作 …………………2, 3, 34, 36, 143
稲魂 ……………………………………145
稲穂 ………………………………3, 39
稲荷神 …………………………………122
稲荷ずし ……………94, 96, 100, 107
稲 ………………………………………37
亥の子餅 ……………………128, 164
芋（薯）…………16, 31, 48, 57, 68, 188
芋粥 ……………………………………71
イモガユモチ（芋粥餅）………………154
イモ正月 …………………………………8
芋茶粥 …………………………………66
イモナモチ ……………………154, 159
イモモチ ………………………153, 159
入船ボッケ ……………………………10
入れ粥 …………………………………66
イロモチ（色餅）………………………153
祝い箸 …………………………………170
魚ずし …………………………………96
ウキウキ汁 ……………………………215
ウコギ飯 ………………………………50
うどん ……………………69, 187, 189
産飯（―立て飯）……………2, 9, 10
梅干し …………………………………81
粳米 ……44, 111, 112, 159, 181, 199, 201, 205
駅弁 ……………………………74, 82
蝦夷前ずし ……………………………99
恵方巻き ………………………………106
オカサネ ………………………………30
オカモチ　→しとぎ
オゴク（三重県）………………………123
御黒飯 …………………………………121
オコナイ（滋賀県）……………14, 149
オコワ …………………………114, 141
オコワ祭（愛知県）……………………113
オコワ見舞い …………………………122
押しずし ………………………………96
オスガタ ………………………199, 200

御鮓(島根県神魂神社) ………………104
オストギ(島根県美保神社) …………205
おせち ………………………………………7
御田植舞(鹿児島県宝満神社) ………117
おたま ……………………………………86
オダンス …………………………………17
おちゃがい ………………………………71
御鳥喰神事(広島県厳島神社) …12, 202, 204
おにぎらず ……………………………78, 90
おにぎり …74-76, 78, 81-83, 86, 89, 90
鬼の舌 …………………………………200
鬼餅 ……………………………………157
オネジ …………………………………200
オハギ(御萩) →ぼた餅
御櫃納め(静岡県) ……………………119
お櫃投げ(静岡県寄木神社) …………123
オマル →団子
おみやげ …………………………………88
おむすび →おにぎり
お焼き ……………………………………57

か 行

カーサおにぎり ………………………86
回転ずし ……………………………95, 105
カイモチ →ぼた餅
鏡餅 …1, 7, 14, 27, 33, 34, 145, 146, 150, 169
角餅 ……………………………174, 179
頭芋(芋魁) ……………………173, 184
かしわにぎり ……………………………69
粕酢 ………………………………………93
固粥 ………………………………………64
かちん ………………………………………7
カツオ飯 …………………………………70
カテキリ ……………………………62, 63
かて飯(カテ―) …16, 24, 48, 52, 54, 58, 61, 65, 69
糅餅 ……………………………………160
かてもの(カテ, 糅物) …25, 52, 53, 58, 61, 68, 69
かぶらずし ………………………………91
釜 …………………………………………45
醸み酒 ……………………………………42
かやくご飯 ………………………………69
粥 …………45, 48, 52, 62, 64, 65, 69, 216
粥ずし …………………………………102
粥ホガイ …………………………………10
カラコ ……………………………199, 207
カリフォルニアロール ………………106
乾飯 ………………………………………46
カワリモノ ………………………………18
羹 ………………………………………174
簡易食 ……………………………………82
神嘗祭(三重県伊勢神宮) ……………37
寒餅 ………………………………22, 26
鮨(キ) ……………………………………91
飢饉 ………………………………………50
黄な粉 ………………124, 126, 185, 208
黍(キミ) ………………16, 22, 26, 151
黍団子 …………………………………215
キビモチ(黍餅) ………………152, 154
キミ餅 ……………………………………26
救荒作物(――食物) ……………50, 51
牛汁 ……………………………………187
共食 ……………………70, 121, 149, 169
供膳 ………………………………………43
郷土食(――料理) …56, 69, 70, 71, 85, 217
郷土ずし …………………………………97
キラズモチ ……………………………154
切りずし …………………………………96
儀礼食 …8, 47, 113, 115, 126, 133, 135, 137, 144, 184, 189, 217
クサモチ(草餅) ………………………154
屑米 ………………17, 62, 214, 216, 217
具足餅 …………………………………150
クダキ粥 …………………………………62
砕米 ………………………………17, 214
供物 ……………………………………161

黒米 ……………………………………42
黒砂糖 …………………………………185
黒豆 ………………………………121, 124
ケ ………………………………………58
携行食(携帯—) ………………46, 47, 82
ゲーター祭(三重県) ………………191
ケガレ …………………………………212
結婚式 ………………………………1, 25
健康食 ………………………………71, 106
げんなりずし …………………………105
玄米飯 ……………………………………44
香煎 ………………………………52, 62
強飯式(栃木県輪王寺) ………………84
コキビモチ ……………………………152
御供(島根県佐太神社) ………………12
ゴクサン(滋賀県) ……………………14
御供流し(神奈川県石上神社) ………119
こけらずし ………………………………93
五穀米 ……………………………………71
御座替え神事(島根県佐太神社) ……12
甑 ……………………………44, 64, 112
ごちそう …………………………………1
ごっくうさん(佐賀県) ………………79
事始 ……………………………………210
コトボタモチ(長野県) ………………128
コト八日 ……………………………128, 213
粉掻き餅 ………………………………162
粉搗き餅 ………………………………162
粉蒸し餅 ………………………………162
粉餅 ……………………………………161
ご飯 ……………………25, 31, 58, 154
ゴヘイモチ ……………………………154
小松菜 ……………………………173, 183
小麦粉 ……………………………………57
小麦団子 ………………………………215
米 ……1, 4, 9-12, 14, 15, 22, 24-27, 29, 30, 33, 37, 49, 53, 64, 74, 79, 86, 89, 91, 115, 126, 127, 148, 204, 214
米粉 ……………………………17, 202, 217
米餅 ………………………………30, 31, 33
五目ずし …………………………………96
ごもく飯 …………………………………15
強飯(こわいい) ……44, 45, 64, 81, 112, 114
強飯(こわめし) ………30, 113, 121, 141
根菜 ………………………………48, 187
混食 ………………………………………54

さ　行

鮓(サ) …………………………………91
酒ずし ……………………………………99
ササゲ(大角豆) ………………………124
雑穀 ………………………………48, 62
雑穀米 ……………………………………71
雑穀餅 …………………………………151
里芋 ………8, 31, 32, 143, 159, 164, 184
砂糖 ……………………………………133
散飯 ………………………………………10
サバずし …………………………92, 102
サバのナレズシ ………………………102
猿追い祭(群馬県武尊神社) …………123
三献 ……………………………………186
シーチキンマヨネーズ ………………89
粃 …………………………………17, 214
シイナ団子 ……………………………215
塩むすび …………………………………90
ジザイ餅 …………………………………26
四十九餅 ………………………………2, 10
しとぎ(シトギ, 粢) ……6, 12, 15, 148, 155, 199, 201, 204, 206, 207
シトギ団子 ……………………………202
粢餅 ……………………………………161
品川飯 ……………………………………70
シバモチ ……………………………152, 159
収穫祭 ……………………………………25
十五日粥 →小豆粥
ジューシー ………………………………70
主食(——品) …6, 17, 22, 49, 52, 54, 61, 65, 69, 115
正月 ……1, 8, 25, 27, 29, 30, 32, 33, 102,

144, 150, 167-169, 172, 189
正月菜 ……………………………………184
正月餅 ……………………………22, 26
正月料理 …………………170, 186, 187
精進ずし ……………………………………92
醬油 ……………………………………173
醬油赤飯 ……………………131, 135
照葉樹林文化 …………………138, 141
白粥 ……………………………………45, 64
シラコモチ →しとぎ
汁粥 ……………………………………45, 64
白飯 ……………………………………8, 28
白餅(シロモチ，—もち) …27, 153, 181, 199
ジンジ(滋賀県) ………………………14
神人共食 ……………………102, 170
神饌 ……………12, 33, 37, 169, 202, 206
ジンタンずし ……………………………99
酢 ……………………………………………93
炊飯 …………………………………………52
姿ずし ……………………………………92, 96
すし(寿司，鮓，鮨) …74, 75, 91, 93, 96, 97, 105-107
すし切り祭り(滋賀県下新川神社)…105
すまし汁 ……………………181, 183
スモウの餅 ……………………………79
ずんだ …………………………………124
赤飯 …110, 114, 118-122, 126, 131-134
セナカアテ ……………………………200
ぜんざい ………………………………189
千団子祭(——講，梅檀講〈滋賀県三井寺〉) ……………………………………209
葬式 ……………………………………1, 25
雑炊 ……………………………………15, 24
雑煮 ……1, 7, 26, 28, 31, 145, 148, 151, 168-175, 179, 181, 183, 191, 215
続飯 …………………………………………66
供え物 ……………………12, 14, 209
そば ………………………………187, 189
蕎麦粉 ……………………………………57
蕎麦団子(そば——) …………215, 216
ソバ餅(——モチ) …………17, 152, 159
染飯おにぎり ……………………………86
ゾロ ………………………………………216

た 行

大根 ………………………………16, 62
大根飯 ……………………………………62
大師講 …………………………………210
大嘗祭 …………………………………4, 37
タカキビモチ …………………………152
たがね ……………………………………181
高盛飯 ……………………………………44
炊き込み飯 ………………………………58
タコ飯 ……………………………………70
だし ………………………………………183
ただ米 ……………………………201, 205
タマス(タマシ) ……………………147
炭化米 ……………………………79, 81
団喜 →団子
団子 ……6, 17, 30, 52, 57, 200, 207, 209, 212, 214, 216, 217
団子汁 ……………………………………217
ダンシ →団子
誕生餅 ………………………………………2
ダンス(団子) …………………207, 208
力米 ………………………………………148
チカラツギ ……………………………31-33
チカラムチ(力餅) ……………………157
力餅 ………………………………127, 148
粽 ……………………………………145, 200
茶粥 ………………………48, 64, 66, 71
茶巾ずし …………………………………96
中食 …………………………………………76
ちらしずし ………………………………96
賃餅 …………………………………………150
月次祭 ………………………………………3
月見 ………………………………209, 210
月見団子 ………………………………211
搗き餅 …………………………141, 151, 161

ツクネモノ　→団子
土穂団子 ……215
ツツコ引き(福島県) ……113
つとっこおにぎり ……85
ツナマヨ ……89
粒握り餅 ……162
粒餅 ……161
ツミイレ ……17
釣瓶ずし ……92
手こねずし ……99
てんこもち ……27
唐黍 ……57
当座ずし ……93
豆腐 ……184
玉蜀黍 ……57
トーカチ祝い(斗搔――) ……9
十団子 ……209
歳神 ……169
祈年祭 ……3, 39
年越 ……7, 100, 148
年玉(トシダマ, ―霊) ……7, 149
年取り ……2, 7, 32, 33
トシノミ　→年玉
年餅 ……29
トチモチ(栃餅) ……154, 189
トッテナゲ汁 ……215
トビ　→年玉
トリアゲ(島根県美保神社) ……206
屯食 ……43, 75, 81

な　行

直会 ……170
中身汁 ……186
七草粥 ……191
鍋 ……45, 64, 112
生米 ……200
ナマナレ ……92, 97, 102
ナラモチ(楢餅) ……154
ナレズシ(熟れ寿司) …91, 92, 102, 107
縄巻きずし ……96
ナントゥムチィ(納豆餅) ……156
新嘗祭 ……3, 37, 40
握飯(にぎりいい) ……76, 81
握りずし(――寿司) …94-96, 100, 107
握り飯(にぎりめし) …10, 43, 75, 76, 81, 82, 102, 127, 146
肉正月 ……186, 187
俄ずし ……93
ニンニコ ……102
ねこ餅 ……181
涅槃会 ……209, 210
ネリクリ ……17
念仏玉(群馬県) ……133
伸し餅 ……151
糊 ……66
海苔 ……81, 89
海苔雑煮 ……189
海苔巻き(――ずし) ……94, 96

は　行

歯固め(ハガタメ) ……31-34, 45, 144
羽釜 ……112
ばく飯 ……26
白米 ……21, 25, 42, 49, 115, 117
白米飯 ……7, 27, 31
ハゲンモチ ……158
箱ずし ……93, 96
蓮飯 ……58
初午 ……122
ハット粥 ……62
はっと汁 ……57
初穂 ……39, 40
ハナイレ ……30
ハナゴモチ ……152, 159
花びら餅 ……181
早ずし(―寿司) ……93, 97, 107
ハリセーボ(富山県) ……134
ハレ …1, 58, 69, 112, 122, 124, 125, 127, 137, 183, 200
半殺し　→ぼた餅

番茶 ……………………………64, 67
稗 ………………………………16, 22
稗団子 …………………………215
ヒエヌカモチ …………………154
稗飯 ……………………………22
彼岸 ………………128, 209, 210
引きずり ………………………150
挽割麦 …………………………22, 26
日別朝夕大御饌祭(三重県伊勢神宮)
……………………………………37
菱餅 ……………………………151
ヒッツミ団子 …………………215
姫飯(糯糅—) ……44, 45, 64, 112
姫棒ずし ………………………99
ヒモカワ ………………………57
百万遍 …………………………85
兵糧 ……………………………81
ひらもち ………………………27
フカシ →赤飯
蕗俵 ……………………………58, 89
副菜 ……………………………52
フナずし ………………………92
鮒飯 ……………………………70
米寿 ……………………………8
幣帛班給制 ……………………3, 38
米飯 ………………33, 42, 45, 65
幣物 ………………………3, 39, 40
弁慶おにぎり …………………85
弁当 ……………………………215
棒ずし ………………92, 96, 100
ボウゼの姿ずし ………………99
保臓(烹雑) ……………………173
ホウトウ ………………………57
糒(干飯) ………………………46
保存食 …………………………46, 47
ぼた餅(牡丹—) ……110, 125-129, 131, 133, 134
ぼた餅地蔵(東京都長延寺) …………129
ボタモチ祭り(新潟県) ………130
盆 ……………………1, 25, 210
ホンナレ ……………91, 92, 97

ま 行

巻きずし ………………………94, 96
巻餅 ……………………………200
枕団子 ……………………213, 214
枕飯 ………2, 9, 10, 86, 213, 214
混ぜ飯 ……………52, 57, 58, 69
混ぜ餅 …………………………153
マツバモチ ……………………154
俎据神事(滋賀県大皇神社) ……105
豆 ………………………………212
豆茶粥 …………………………66
丸ずし …………………………96, 99
丸餅 ………………………174, 179
饅頭 ……………………………133
水餅 ……………………………22, 26
味噌 ……………………………172
みそうず ………………………15
味噌汁 ……………………181, 183
ミタマの飯 ………88, 89, 145, 146
御手洗団子 ……………………209
みつめのぼた餅 ………………129
御年 ……………………………39
麦 ………………………………22, 26
麦茶粥 …………………………66
麦飯 ……………………………21, 82
蒸し米 …………………………15
ムスビ …………………………75
ムチィ …………………………155
ムチィマイ ……………………155
メカス団子(メクソ——) ………215
飯 ………16, 32, 44, 58, 79, 91, 92
モチ …17, 137, 141, 151, 152, 155, 158-162
餅(もち) …1, 6-8, 11, 12, 15, 27, 30-33, 45, 68, 113, 125-127, 137, 144-149, 151, 155-157, 159, 161, 169, 172, 179, 186, 187, 201, 212
餅(もちひ) ……………………144

餅菓子 ……………………………155, 156
糯米 …6, 45, 79, 110–112, 131, 133, 141, 151, 155, 158, 160, 181
餅茶粥 ……………………………………66
餅搗き ……………………………………150
もち菜 ……………………………………183
餅なし正月 ……8, 30, 33, 118, 143, 144, 187
餅鏡 ………………………………………45
モッソ(滋賀県) …………………………14
モノビ ……………………………………26
モロコシ …………………………………151

や・ら・わ行

ヤキグリモチ(焼き栗餅) ……………154
ヤキモチ(焼き餅) ……………154, 159
ヤクモチ …………………………………25
やじろ ……………………………………181
ヤセウマ …………………………………200
柳箸 ………………………………………170
ユヌクムチィ(炒粉餅) ………………155
八日餅 ……………………………………29
米の祝い …………………………………9
米守り ……………………………………9
よもぎもち ………………………………28
冷凍おにぎり ……………………89, 90
わうばん(垸飯, 埦飯, 椀飯) ………43
ワカシ ……………………………………215
若水 ……………………………170, 194

編者略歴

一九六四年　栃木県に生まれる
一九八八年　筑波大学大学院地域研究研究科修士課程修了
現　在　国立歴史民俗博物館教授・総合研究大学院大学教授、博士（文学）

〔主要編著書〕
『隠居と定年―老いの民俗学的考察―』（臨川書店、二〇〇三年）
『宮座と墓制の歴史民俗』（吉川弘文館、二〇〇五年）
『現代「女の一生」―人生儀礼から読み解く―』（NHKブックス、二〇〇八年）
『民俗小事典　食』（共編著、吉川弘文館、二〇一三年）
『民俗学が読み解く葬儀と墓の変化』（編著、国立歴史民俗博物館研究叢書2、朝倉書店、二〇一七年）

日本の食文化

日本の食文化2
米と餅

二〇一九年（令和元）六月二十日　第一刷発行

編　者　関《せき》沢《ざわ》まゆみ
発行者　吉川道郎
発行所　株式会社 吉川弘文館
郵便番号一一三―〇〇三三
東京都文京区本郷七丁目二番八号
電話〇三―三八一三―九一五一〈代表〉
振替口座〇〇一〇〇―五―二四四
http://www.yoshikawa-k.co.jp/
印刷＝株式会社　三秀舎
製本＝誠製本株式会社
装幀＝黒瀬章夫

ISBN978-4-642-06837-6

日本の食文化

1 食事と作法 ＊ 小川直之編

食事には作法と決まり事がある。人と人をつなぐ共食や贈答、神仏への供え物、調理の技法と担い手、食具の扱いなど、儀礼と日常の食の社会的な意味を読み解く。ファーストフードや「和食」の国際的な動向にも着目する。

2 米と餅 ＊ 関沢まゆみ編

米には霊力が宿るとされ、神祭りや人生儀礼で餅や団子、すし、赤飯にも加工し食される。日常では、野菜類と混炊したかて飯、携行食の握り飯など調理の工夫がある。さまざまな米の食と米の力を追究する。

3 麦・雑穀と芋 小川直之編

麦・粟・稗などの雑穀と芋類、豆類は日々の食を支え、救荒食ともなった。地方色豊かな雑穀と芋の食べ方、麺類やオヤキなどの粉食から、多様な主食・常食のあり方を示す。大豆の加工品である納豆と豆腐も取り上げる。

吉川弘文館

日本の食文化

④ 魚と肉 ＊
藤井弘章編

列島に広く浸透した日本の豊かな魚食文化を、海の魚と淡水魚、すしの変化、クジラ・イルカ食などから考察。一方で長く忌避され地域限定的だった肉食文化を、明治以降の急速な拡大も含め概観する。近年話題の昆虫食にも注目。

⑤ 酒と調味料、保存食 ＊
石垣　悟編

発酵を利用した酒、酢・味噌・醤油、塩蔵や発酵による漬物、ダシの素材となる昆布などの乾物。これら食料保存の技術は独特の味をも生み出した。基本調味料の塩と砂糖、嗜好品の茶も加え、日本の味の文化的背景を探る。

⑥ 菓子と果物
関沢まゆみ編

砂糖が普及する以前、甘い食物は貴重だった。古代から食されてきた栗・柿・みかん、年中行事と関わる饅頭・汁粉・柏餅、庶民に親しまれた飴、贈答品の和菓子、文明開化後の洋菓子など、人を惹きつける甘味の文化を描く。

各2700円（税別）　＊は既刊